Práticas pedagógicas reflexivas em esporte educacional

Unidade didática como instrumento de ensino e aprendizagem

2ª edição revisada

Adriano José Rossetto Júnior
Caio Martins Costa
Fabio Luiz D'Angelo

São Paulo, 2012

Práticas pedagógicas reflexivas em esporte educacional: unidade didática como instrumento de ensino e aprendizagem – 2ª edição revisada

Copyright © 2008, 2012 by Phorte Editora

Rua Treze de Maio, 596
CEP: 01327-000
Bela Vista – São Paulo – SP
Tel./fax: (11) 3141-1033
Site: www.phorte.com.br   *E-mail*: phorte@phorte.com

Nenhuma parte deste livro pode ser reproduzida ou transmitida de qualquer forma, sem autorização prévia por escrito da Phorte Editora Ltda.

CIP-BRASIL. CATALOGAÇÃO-NA-FONTE
SINDICATO NACIONAL DOS EDITORES DE LIVROS, RJ

R74p
2.ed.

Rossetto Júnior, Adriano José, 1969-
  Práticas pedagógicas reflexivas em esporte educacional : unidade didática como instrumento de ensino e aprendizagem / Adriano José Rossetto Junior, Caio Martins Costa, Fabio Luiz D'Angelo. - 2.ed., rev.. - São Paulo : Phorte, 2012.
  184p. : il.

  Apêndice
  Inclui bibliografia
  ISBN 978-85-7655-372-4

  1. Planejamento educacional. 2. Professores - Formação. 3. Educação física - Estudo e ensino. 4. Esportes. I. Costa, Caio Martins. II. D'Angelo, Fabio Luiz. III. Título.

12-5414.   CDD: 371.207
                    CDU: 37.09

31.07.12 08.08.12   037755

Impresso no Brasil
Printed in Brazil

Este livro foi avaliado e aprovado pelo Conselho Editorial da Phorte Editora.
(www.phorte.com.br/conselho_editorial)

Colaboradores

Professores que planejaram, executaram e avaliaram as unidades didáticas.

Allan Aparecido
Caio Busca
Carlos Costa
Cibelle Borges
Eduardo Luis
Fabiana Oliveira
Leandro T. Brito
Lívia Resende
Luciana Clélia de Moura
Luiz Alex de Moura
Luiz Gonzaga Junior
Mafalda Juliana
Raquel Clementino
Ricardo Ferraz
Rodrigo Paiva
Soraya Menezes

Agradecimentos

Temos de agradecer a muitas pessoas por esta realização, pois se trata do relato da experiência de trabalho coletivo do Instituto Esporte & Educação. Coube a nós apenas organizar, estruturar e redigir os conhecimentos construídos por todos os colaboradores do IEE.

Sendo assim, o espaço e o tempo não são suficientes para mencionar cada um dos mais de cem professores, coordenadores, estagiários, funcionários administrativos e demais. Agradecemos verdadeiramente a todos, cujo trabalho foi fundamental para que chegássemos até aqui.

Não podemos deixar de destacar, porém, os coordenadores Alexandre Arena e Bethânia Brotto, aos quais dedicamos nossos mais sinceros apreço e gratidão. A contribuição de vocês, com a revisão e sugestões pontuais, foi essencial. Tenham a certeza de que, sem ela, esta obra não seria possível.

Muito obrigado,

Adriano, Caio e Fábio

Apresentação

Em 1998, em um encontro entre amigos e profissionais cujas vidas e carreiras eram ligadas ao esporte, nasceu um movimento pelo esporte e Educação Física, que resultou, dez anos depois, neste livro. A ideia fundamental era construir e aplicar uma metodologia de ensino do esporte democrático e inclusivo, que levasse crianças e adolescentes a praticar e se envolver com a Cultura da Prática Esportiva, desenvolvendo habilidades e capacidade motoras, sociais e cognitivas e hábitos saudáveis. Assim, estabeleceu-se a OSCIP – Instituto Esporte & Educação (IEE).

Em 2001, a partir do patrocínio da Unilever, com o Programa Esporte Cidadão, ação das marcas Rexona e AdeS, a ideia inicial foi implantada em comunidades de baixa renda, ampliando o caráter de intervenção do esporte e o espectro educacional do seu impacto: o primeiro Núcleo Esportivo Sócio-Educativo (NESE), em Indaiatuba, interior de São Paulo, e, no início de 2002, o Núcleo Heliópolis. Atualmente, em razão das diversas parcerias com o poder público e a iniciativa privada, o IEE coordena uma rede de quarenta Núcleos, localizada na cidade de São Paulo (a maioria), no interior do estado e no Rio de Janeiro.

Em 2004, em parceria com Prefeituras Municipais, realizamos a primeira formação de professores de Educação Física de redes de ensino, o Programa Método. Deste, resultaram NESEs nas cidades de Itatiba (SP), Sorocaba (SP) e Rio de Janeiro.

Em 2005, inauguramos a Caravana do Esporte, uma aliança com o Unicef e a ESPN/Brasil, por meio da qual conhecemos o Norte, o Nordeste e o Centro-Oeste do Brasil e verificamos a realidade das crianças, das escolas e do esporte, ou a falta dele, nos pequenos municípios. Essas experiências, que serão descritas em próximos livros, agregam o saber de cada realidade, de cada traço de diversidade, ao saber dos colaboradores do IEE, impactando na nossa forma de ver o mundo e as diversidades das comunidades visitadas, ampliando a intervenção do IEE à esfera das políticas públicas e dos processos democráticos de construção do esporte como direito do cidadão.

No entanto, esses serão outros livros. Nesta obra, deter-nos-emos em conceituar e relatar o processo pedagógico desenvolvido nas atividades regulares dos NESEs, nas dimensões dos planejamentos de Currículo e Unidades Didáticas, suas práticas e reflexões.

Desde os primeiros tempos de atuação social, pautamos nosso foco em dois pontos básicos: no atendimento direto a crianças e adolescentes, por meio da implantação de Núcleos Esportivos Sócio-Educativos (NESEs) em parceria com comunidades, prefeituras, SESI, SESC e outros, e na formação de professores e educadores para atuarem dentro dos princípios do Esporte Educacional, integrando conceitos à reflexão da prática.

O atendimento direto é realizado por professores, estagiários e monitores formados, orientados e supervisionados por equipes de seis coordenadores pedagógicos, que combinam diferentes especialidades e experiências; a soma das partes se completa, resultando em uma sinergia de conhecimentos que contribui para os NESEs se desenvolverem em várias áreas: gestão pedagógica, operacional e relacionamento com a comunidade e parceiros.

Dos três professores e quatro estagiários em 2001, saltamos para mais de cem profissionais em 2008. A cada Núcleo Esportivo implantado, cresce o número de educadores físicos, que, por meio da prática pedagógica e da sua sistematização em planos e projetos, significam e legitimam os conceitos construídos historicamente, colaborando na construção da metodologia de ensino do Esporte Educacional aplicada pelo IEE, que, em parte, está retratada neste livro.

Para a construção dessa metodologia, assumimos um compromisso com a demanda de campo e compreendemos os conceitos com base no contexto de cada Núcleo, cada grupo de alunos e suas experiências; um constante vaivém entre os livros, planejamentos, práticas pedagógicas e avaliações, na quadra e nos diversos espaços de aprendizagem. Todos são professores e alunos, dependendo da situação, em um processo de *formação continuada em serviço*, concretizado em reuniões semanais, formações mensais e seminários semestrais.

As Unidades Didáticas descritas aqui foram planejadas, executadas e avaliadas por jovens professores que se formaram nos Núcleos em que atuam e que são integrantes da Rede do Programa Rexona/AdeS – Esporte Cidadão, que conta com 26 Núcleos e existe desde 2001, em uma expansão gradativa e constante, por meio de diferentes parcerias com várias instituições e gestões públicas. Assim, alguns dos coautores deste livro ingressaram como estagiários, outros são recém-formados e colaboradores do IEE há, no mínimo, dois e, no máximo, sete anos. Boa parte deles é proveniente das mesmas comunidades atendidas, o que reforça a função social da formação e da qualificação desses educadores, ao mesmo tempo em que fortalece a importância do princípio de inclusão e a dimensão educacional do esporte.

Os princípios do Esporte Educacional, preconizados por Barbieri, Oliveira e Moraes (1996), Brotto (2001), Freire (1998), Korsakas e Rose Junior (2002), Rossetto Junior et al. (2008) e Tubino (1992), são norteadores da prática pedagógica e constantemente avaliados e impregnados de significado pelas ações dos projetos do IEE, das características dos alunos, dos professores e da comunidade, como também da nossa gestão institucional. Nesse jogo entre teoria e prática, interpretamo-los e adaptamo-los ao nosso contexto e à nossa linguagem, tendo como resultado a síntese dos princípios do Esporte Educacional:

1. Inclusão de todos: consiste em criar condições e oportunidades para a participação de todas as crianças e jovens no aprendizado do esporte, desenvolvendo habilidades e competências que possibilitem compreender, criticar, transformar, usufruir e reconstruir as diferentes práticas esportivas.
2. Construção coletiva: participação ativa de todos os envolvidos na estruturação do processo de ensino e aprendizagem do esporte. Sendo assim, é imprescindível que alunos, professores e comunidade sejam corresponsáveis e cogestores do planejamento, da execução, da avaliação e da continuidade dos programas e dos projetos.
3. Respeito à diversidade: perceber, reconhecer e valorizar as diferenças entre as pessoas em relação à etnia, à cor, à religião, ao sexo, ao biótipo, aos níveis de habilidades, entendendo a diversidade como uma oportunidade de aprender na convivência com as diferenças.
4. Educação integral: compreensão do esporte como possibilidade de aprendizagem e desenvolvimento cognitivo, psicomotor e sócio-afetivo. As ações pedagógicas devem abordar os conteúdos em dimensões conceitual, atitudinal e procedimental.
5. Rumo à autonomia: entendimento e transformação do esporte como fator de educação emancipatória, baseando-se no conhecimento, no esclarecimento e na autorreflexão crítica para superar modelos. Portanto, a autonomia constitui-se na capacidade dos atores sociais em analisar, avaliar, decidir, promover e organizar a sua participação e de outros nas diversas práticas esportivas.

Esses princípios refletem as nossas crenças e nossa maneira de ver o mundo por meio do Esporte Educacional, constituindo os conceitos e as práticas pedagógicas. A gestão pedagógica, com a reflexão e a sistematização da prática, representa a principal estratégia para a consolidação da coordenação de uma grande rede de professores e Núcleos, que compartilhamos aqui.

Este livro é escrito por muitas mãos: aqueles que assinam a obra e as Unidades Didáticas, bem como os atores coadjuvantes, como alunos, comunidades, outros professores e estagiários dos Núcleos, equipe administrativa, colaboradores e parceiros do IEE, pois é constituído pelo resultado da reflexão das ações pedagógicas planejadas e realizadas coletivamente durante esses sete anos.

Acredito que o conteúdo seja útil para professores de crianças, adolescentes e jovens e para formadores de professores e gestores. Analise, avalie, aplique e critique, para que possa continuar em constante construção e aperfeiçoamento, como sempre esteve.

Ana Moser
Presidente do Instituto Esporte & Educação

Sumário

Introdução 15

1
A formação dos professores 19
    Esporte educacional: por uma aprendizagem dos que ensinam 21
    Prática e reflexão: duas faces da mesma moeda 23
    Planejamento coletivo e profissionalização do pedagogo do esporte 24

2
Diretrizes do planejamento pedagógico 27
    Paradigma operante 30

3
Unidades didáticas: relatos de experiências 53
    Unidade didática 1 56
    Unidade didática 2 71
    Unidade didática 3 80
    Unidade didática 4 86
    Unidade didática 5 101
    Unidade didática 6 113
    Unidade didática 7 120
    Unidade didática 8 138
    Unidade didática 9 147
    Unidade didática 10 154
    Unidade didática 11 163

Referências 171

Apêndice 175

Introdução

O Instituto Esporte & Educação é uma organização não governamental que atua na formação continuada de professores e na organização e no acompanhamento de atividades esportivas e socioeducativas em Núcleos Esportivos, implantados com diferentes parceiros do setor público e da iniciativa privada. Pela atuação dos seus colaboradores, o IEE desenvolve um programa de educação esportiva em que as crianças e os adolescentes têm a possibilidade de ampliar suas habilidades e capacidades psicomotoras, relacionais, morais e comunitárias, tendo como referência os valores e os princípios do esporte educacional.

A construção da metodologia de ensino e aprendizagem do esporte educacional e a sua sistematização buscam alcançar a visão do Instituto Esporte & Educação:

Tornar-se um centro de referência em Educação Física e Esporte, desenvolvendo e aplicando modelos eficazes de capacitação de recursos humanos, implantação e acompanhamento de redes de núcleos esportivos socioeducativos.

Nossa visão é o que nos dá uma identidade, mostra para o "mundo" o nosso "sonho", o nosso ideário institucional. *É aquilo que queremos ser, aonde desejamos chegar e como esperamos ser reconhecidos.*

Nos dias de hoje, nas grandes metrópoles ou nos locais mais longínquos do Brasil, o esporte assume importante papel como manifestação cultural relacionada ao lazer, à educação, ao rendimento etc. Com o avanço da tecnologia e a velocidade da informação, o esporte e suas diferentes manifestações circulam pelos meios de comunicação e influenciam a vida de milhares de brasileiros.

Atualmente, parece haver unanimidade no *discurso* do Esporte vinculado a valores e atitudes, como paz, justiça, liberdade, respeito, cidadania, cooperação, responsabilidade, disciplina etc. Trata-se de um *discurso*, porque o que observamos, muitas vezes, é dicotomia e abismo entre o que se *fala* e a *ação*, ou seja, a prática pedagógica ainda parece estar longe de possibilitar a educação integral das crianças e dos jovens que praticam esporte. Nos espaços sistemáticos de aprendizagem do esporte, como escolas, clubes e projetos sociais, o que ainda predomina é a confusão dos princípios sugeridos pelo esporte educacional e uma prática que, muitas vezes, reproduz as características e a visão do esporte de alto rendimento, em que o que vale é a *performance*, a quebra do recorde, a seleção dos mais habilidosos, a marginalização e a exclusão dos que não atendem aos padrões esportivos divulgados e valorizados pela mídia.

Quando analisamos o contexto da aprendizagem esportiva e aqueles que se dedicam a ensinar esporte para crianças e jovens, deparamo-nos com um quadro desafiador. Quem são as pessoas que ensinam esporte neste país? Qual sua formação? O que pensam sobre o esporte e suas manifestações? Qual a metodologia utilizada para ensinar o esporte? Quais os valores e as atitudes ensinados no contexto de aprendizagem do esporte?

Ensinar esporte neste país é tarefa e responsabilidade dos mais diferentes atores sociais: professores de Educação Física, estudantes, atletas, ex-atletas, agentes e/ou lideranças comunitárias, jovens etc. Nessa diversidade de histórias, vivências, formações e experiências, fica a pergunta: *como garantir o ensino do esporte em suas três dimensões, conceitual, procedimental e atitudinal, na lógica da inclusão de todos e do respeito à diversidade?*

A situação é, ainda, mais provocante quando analisamos o esporte e sua prática nas comunidades de baixa renda, em lugares onde predomina uma situação de carência e marginalização. São milhões de pessoas desprovidas das condições básicas de saúde, higiene, segurança, nutrição e, especialmente, educação. Nesses espaços, muitas vezes, difunde-se a ilusão de que o esporte é a única saída para uma vida melhor.

Valendo-se dessa visão equivocada de desenvolvimento, as ações de esporte se apoiam em um grande vazio. Não são eficientes na formação de atletas e baseiam-se na seleção prévia de "talentos", não atendendo às demandas da maior parte da população, não respeitando as diferenças físicas, as competências e a cultura das crianças e dos jovens. O atendimento é limitado, pois tem como objetivo a formação de equipes. Os métodos de ensino são pautados pela repetição, mecanização, alienação e seleção dos habilidosos ou dos biótipos para a prática do esporte.

As ações que têm compromisso com metas de atendimento tendem à linha do esporte lazer, como ocupação do tempo livre, sem visão e intenção pedagógica, de forma livre e espontânea, sem objetivos de aprendizagem. Assim, o esporte é entendido como formação de atletas para competição ou como passatempo e diversão.

Tais práticas atendem aos princípios sugeridos para o Esporte Educacional? Entendemos que não. O maior desafio é alcançar as mais diferentes regiões do país, conhecer as diversas realidades, as práticas e os programas para entender como o esporte interfere e transforma a vida das crianças e dos jovens.

Nossa proposta é compartilhar a experiência que acumulamos a cada dia nos nossos núcleos espalhados pelas comunidades de São Paulo e Rio de Janeiro e na Caravana do Esporte com outros atores, que fazem e ensinam esporte pelos "quatro cantos deste país". Como disse o poeta, "o artista vai onde o povo está".

A formação dos professores

1

Nada mais significativo para o professor que aquilo que ele faz na prática. É pela reflexão sobre a prática que conhecemos e sabemos das competências, das habilidades, das limitações e dos desafios de cada professor, possibilitando rever, reorganizar, reconstruir e atuar no presente.

O Instituto Esporte & Educação (IEE) incentiva a prática reflexiva dos seus professores para o ensino do esporte na dimensão educacional, com instrumentos e conceitos, para que adquiram conhecimentos e competências de gestão pedagógica.

O IEE volta seu olhar a quem ensina esporte educacional e à necessidade de que este processo seja organizado e pensado com base em objetivos, conteúdos, métodos e indicadores de avaliação. Planejar implica antecipar, observar e regular, habilidades que exigem do professor constante reflexão sobre a sua prática. Tão importante quanto olhar para fora, para o aluno, para os pais e para a comunidade, é olhar para dentro, para a qualidade da sua formação, para suas dúvidas, para se conscientizar da necessidade de uma prática reflexiva.

São princípios do IEE no processo de ensino e aprendizagem:

- Quem ensina está sempre *aprendendo*.
- *Prática* e *reflexão* devem caminhar juntas.
- *Profissionalização* da prática docente.

Esporte educacional: por uma aprendizagem dos que ensinam

O Instituto Esporte & Educação, valendo-se da missão *contribuir para a formação do cidadão crítico e participativo, por meio da Educação Física e do esporte, favorecendo o desenvolvimento de comunidades de baixa renda* acredita ser fundamental investir na formação dos educadores esportivos como fator de educação e desenvolvimento humano. O esporte deve ser pensado de acordo com seu contexto e sua manifestação. Quando vinculado à educação, à cidadania e à comunidade, é necessário, por parte dos professores, ampliar olhares e horizontes para além da formação de "atletas".

Nas últimas décadas, o esporte cresceu, desenvolveu-se e tornou-se mania nacional. Na sua dimensão educacional e quando praticado em contextos, como escola, clube, centros educacionais etc., com professor, técnico, ex-atleta e/ou agente comunitário, passou a ser visto como um meio para o desenvolvimento integral e a formação da cidadania. No início deste século, o esporte educacional, amparado pelo Estado e pela sociedade, acena com o fortalecimento e a preservação de valores universais, como solidariedade, justiça, ética e liberdade. Nesse contexto, a sua prática deve respeitar os princípios: *democratizar e incluir, diversidade, aprendizado lúdico, educação integral, dialogicidade* e *protagonismo*.

Assim, muitos são os desafios que surgem à prática docente. Como ensinar esporte pela lógica da inclusão? Qual a diferença do esporte como meio para educar e fim em si mesmo? Como ensinar esporte para crianças e jovens que vivem em comunidades de baixa renda, com índice de desenvolvimento humano baixíssimo? Como ensinar esporte diante da carência e da precariedade de recursos, espaços, formação e estrutura? Como romper com um modelo de esporte que seleciona os melhores e marginaliza os menos hábeis e competentes? Como acolher crianças e jovens envolvidos com a violência, indisciplina e agressividade?

Na lógica da inclusão e da participação de todos, *ensinar* e *aprender* são indissociáveis. É preciso romper com a ideia de que ensinar é problema do professor e aprender, problema do aluno. O esporte organizado pela lógica da exclusão é seletivo e se sustenta na ideia de que o professor ensinou e os alunos não aprenderam, ou seja, a qualidade da ação do professor é independente dos seus resultados ou objetivos em relação à aprendizagem dos alunos. Na lógica da inclusão, os professores precisam conhecer a diversidade dos seus alunos e interferir construtivamente. Seu aprendizado e sua formação pessoal e profissional são essenciais para o ensino e aprendizagem dos seus alunos.

O professor de hoje deve ser diferente do professor de ontem, como sugere Macedo (2005, p. 52): "se nós, professores, não colocarmos na pauta de nossa vida pessoal e profissional a questão do aprender continuado, nossa competência em ensinar pode ficar cada vez mais insuficiente, obsoleta".

Se pensarmos no esporte como um espaço de aprendizagem para todos, respeitando a diversidade entre meninos e meninas, brancos e negros, obesos e magros, altos e baixos, pobres e ricos, habilidosos e não habilidosos, nossa prática pedagógica precisará ser revista. Como garantir o acesso de todos ao esporte e um aprendizado significativo e motivante sem eliminação e exclusão dos alunos com dificuldades? Como ensinar esporte a todas as crianças, levando em conta suas características e particularidades?

O IEE parte do pressuposto de que em um esporte que se quer para todos o professor deve recuperar e aprofundar o processo de sua aprendizagem. Tão importante quanto o planejamento, a aula, os recursos, as estratégias, os pais, a escola, é fundamental refletir sobre sua prática e dar-se oportunidades de aprendizagem para ensinar melhor, *como um aluno que deseja aprender.*

Macedo (2005, p. 52) propõe não reduzir o professor a um bom aluno, mas estar aberto para o desconhecido, ampliar os recursos de formação, ter consciência de que não sabe tudo e investir em seu aprimoramento pessoal e profissional.

Prática e reflexão: duas faces da mesma moeda

Teoria e prática são duas faces da mesma moeda. Para o IEE, a primeira pergunta a ser feita aos professores no contexto de formação é: *como ajudar a melhorar a sua prática pedagógica?*

Nos diferentes contextos e espaços de formação de educadores esportivos, estão diferentes atores. Professores, estudantes, atletas, ex-atletas, jovens e agentes e líderes comunitários ensinam esporte com as mais diferentes visões, objetivos, técnicas e estratégias. Pessoas que aprenderam seu ofício na prática, imitando e assimilando modelos disseminados e ensinados sem refletir por quê, para quê e como fazer esporte em uma perspectiva educacional.

Diante desse quadro, como formar pessoas com histórias de vida tão diferentes? Como falar de esporte educacional para pessoas formadas na óptica da *performance*? Como relacionar teoria e prática e atender às necessidades e expectativas dos formandos? Qual a melhor estratégia para que os professores reflitam sobre a sua prática?

É valendo-se da prática, da experiência, do fazer diário e corriqueiro, daquilo que os professores fazem e conhecem que caminhamos para aquilo que eles precisam saber. Valorizamos a prática, mas queremos ir além: uma *prática* que caminhe com a *reflexão*, ou seja, uma *prática pedagógica reflexiva*.

Como Macedo (2005, p. 39), acreditamos em uma relação de cooperação ou reciprocidade entre a reflexão e a prática, uma alimentando ou complementando a outra, de forma irredutível e indissociável.

A presença do professor no contexto de ensino e aprendizagem é o que diferencia o espaço do esporte de outros espaços assistemáticos, como a rua, o clube, a praça, a quadra da comunidade ou o campinho do bairro. A figura do professor está atrelada a uma intencionalidade e sistematização em busca de atingir objetivos de aprendizagem e mudança de comportamento dos aprendizes.

Nesse sentido, planejar é importante; um planejamento real e significativo, que ajude o professor a escolher os melhores caminhos para a boa aprendizagem dos alunos, não uma "camisa-de-força", mas "carta de intenções", que ajude o professor a enfrentar as dúvidas e as incertezas que surgem. O professor deve estar disponível e aberto para examinar e observar a sua prática, mantendo aquilo que deu certo ou buscando outro caminho.

Planejamento coletivo e profissionalização do pedagogo do esporte

Os professores têm tendência a buscar uma zona de conforto na prática pedagógica. Nossa experiência mostra que os espaços de planejamento coletivos são importantes para tirar o professor da acomodação. O professor precisa evitar ligar o piloto automático, ou seja, tratar a sua profissão como simples ocupação ou tarefa, sem sentido, motivação e significado. Perder a capacidade de reflexão e, principalmente, de se indignar frente aos problemas e desafios é o primeiro passo para enfraquecer e desvalorizar a profissão de professor.

Os professores precisam ser cuidados e olhados em seus anseios, dúvidas e necessidades, não como crianças, mas oferecer aquilo que promovem aos alunos, como construir juntos as suas práticas, discutindo, refletindo, analisando ideias, trocando informações e planejando coletivamente.

O pedagogo do esporte que caminha para a *profissionalização* precisa perceber e *aprender* que o aperfeiçoamento profissional é um projeto pessoal que, como sugere Macedo (2005, p. 38), implica uma relação do professor consigo mesmo, em termos de tempo, espaço e realização de tarefas.

Em um espaço coletivo, o professor pode sair do isolamento da "quadra" e compartilhar formas de enfrentamento de questões comuns e do interesse de todos. Nos ambientes de análise da prática, como propõe Perrenoud (2002, p. 18), ocorre partilha, contribuições e reflexão sobre como pensar, decidir, comunicar-se e reagir na sala de aula. São ambientes para trabalhar medos e emoções e incentivar o desenvolvimento da pessoa e de sua identidade.

Diante das dificuldades e dos desafios de desenvolver o esporte educacional em um país de diversidades como o Brasil, deve-se adotar a postura de que não nascemos prontos e estamos sempre aprendendo. Para Cortella (2006), se o ser nascesse sabendo, não haveria novidades, só reiterações e limitações, porque apenas repetiria e nunca criaria, inovaria, modificaria. Aprender impede que nos tornemos prisioneiros de situações que, por serem inéditas, não saberíamos enfrentar.

Parafraseando o autor, diríamos que "professor não é alguém que nasce pronto e vai se gastando, professor nasce não pronto, e vai se fazendo" (p. 13).

No espaço coletivo de planejamento e formação, a integração entre o conhecimento teórico, as vivências práticas e as experiências pessoais podem contribuir para levar o profissional da educação ao desenvolvimento de habilidades e competências de um bom professor.

Para o IEE, as competências a serem desenvolvidas nos espaços de formação continuada são:

- Aprender estratégias e desenvolver habilidades para mediar os desafios e os conflitos pedagógicos presentes nos diferentes contextos de atuação e ensino do esporte.

- Utilizar os conhecimentos construídos para enfrentar as situações novas e inesperadas que surgem no dia a dia da prática pedagógica e do ensino do esporte.
- Trabalhar em equipe, mostrando-se solidário com os atores (alunos, pais, poder público etc.) envolvidos nos diferentes espaços de aprendizagem do esporte.
- Respeitar e valorizar a cultura local, atuando junto à comunidade em busca do desenvolvimento, da transformação e da ressignificação do esporte.
- Planejar, aplicar e avaliar em grupo as unidades didáticas e as sessões/aulas para o ensino do esporte educacional, colocando em prática os conceitos e princípios estudados no programa de formação.
- Planejar, aplicar e avaliar um projeto pedagógico, mais precisamente uma unidade didática, tendo como foco o esporte educacional.
- Conscientizar-se da importância de uma prática reflexiva na sua atuação como professor, entendendo-a como um hábito que leva à profissionalização e à empregabilidade.
- Discutir e construir planos de aula e unidades didáticas coletivamente, respeitando e valorizando a opinião dos colegas e tolerando a diversidade de ideias e conhecimentos que o grupo apresenta.

A boa pedagogia do esporte passa, necessariamente, pela qualidade de seu planejamento, que se relaciona diretamente com a qualidade dos resultados, o que exige dos professores uma postura reflexiva e autônoma no planejamento e da prática pedagógica.

2
Diretrizes do planejamento pedagógico

Quando pensamos em planejamento, sempre nos deparamos com a distribuição de objetivos e conteúdos no tempo disponível.

O trabalho com unidades didáticas implica considerar os parâmetros (curriculares) e os alunos reais, em um diálogo entre o conhecimento, os alunos e o professor. As sequências didáticas representam a concretização do currículo no planejamento real, considerando as necessidades dos alunos.

O planejamento pedagógico do Instituto Esporte & Educação é fundamental para sistematizar e organizar as nossas ações educativas, definir nossas intenções, escolher os "melhores" caminhos e caminhar em busca de nossos objetivos e metas.

O planejamento é uma boa oportunidade para responder perguntas do tipo: o que queremos com o nosso projeto? Para onde nossos esforços serão direcionados? O que pretendemos que nossos alunos se tornem? Como coordenar ou considerar a realidade de cada núcleo? Como negociar verbas, recursos, infraestrutura, espaços e tempos didáticos? Quais os problemas ou aspectos críticos a serem enfrentados? O que está sendo bem feito e pode ser mantido?

São muitas questões a serem respondidas. No planejamento, coordenadores, professores e estagiários devem estar comprometidos com o planejar antes, durante e depois das intervenções pedagógicas. Assim, torna-se possível, no dia a dia da quadra, *antecipar*, *observar* e *regular* aquilo que queremos que os nossos alunos se tornem e aprendam.

Antecipar é atuar preventivamente, pensar quais as intervenções que podemos fazer para que aquilo que queremos ensinar se torne realidade. Sabemos que o planejamento não substitui o dia a dia da quadra, mas contribui para enfrentar as dúvidas e incertezas que encontramos nas relações de ensino e aprendizagem.

Observar é gerenciar o espaço de aprendizagem dos nossos alunos, com suas contradições e conflitos; ajuda a construir ou acumular situações-problema relativas aos assuntos mais importantes ou difíceis para o grupo.

Regular é aprender a lidar com o *planejamento-gaveta* de forma não linear ou sucessiva, definir temas, elaborar unidades didáticas, selecionar conteúdos e distribuí-los por bimestres ou trimestres, levando em conta os problemas, as diferenças de ritmos dos alunos, a motivação para aprender etc. Na perspectiva construtivista, o professor deve manter um diálogo com o planejamento, criticar, reavaliar, reformular e principalmente regular, verificando o que vale a pena manter e o que precisa ser corrigido ou abandonado.

É necessário romper com o *planejamento-gaveta*, que, após a sua elaboração, é mais uma tarefa burocrática do professor de preencher quadros e formulários.

O planejamento não é uma oportunidade para renovar expectativas que serão frustradas. Pensamos no planejamento como uma prática reflexiva contínua, em que o professor reflete sobre a aula que deu, o ontem, o hoje e o amanhã. Planejar é um trabalho no presente, mas que nos prepara para um futuro que queremos fazer acontecer.

Assim, cabe aos professores:

- *Decidir* os conhecimentos, as ideias ou as experiências como apoio conceitual e justificativa de sua ação.
- *Determinar* um propósito, um fim ou uma meta a alcançar, que indicará a direção a seguir.
- *Prever* o processo, determinar os conteúdos e tarefas a realizar, concretizar as estratégias de procedimentos, a sequência das atividades e a avaliação do processo

Paradigma operante

Uma visão reducionista entende o planejamento como uma sucessão linear e organizada de ações que partem dos objetivos gerais para a seleção de objetivos de aprendizagem, conteúdos e estratégias de ensino, relacionando-os à transmissão de conhecimentos previamente definidos. A simplificação desse processo leva à disjunção e separação dos diferentes elementos que compõem o planejamento, causando a compartimentação e a desarticulação dos saberes.

O planejamento deve integrar os componentes e as etapas que constituem um todo, compreendendo que, na prática, esses elementos são inseparáveis, como um sistema interdependente entre as partes e o todo, o todo e as partes.

A Figura 2.1 representa o caminho a ser percorrido pelo professor do IEE na ação de planejar. Desde a missão até a elaboração do plano de aula, os componentes do planejamento devem estar interligados. Assim, em uma aula estão presentes elementos da nossa missão.

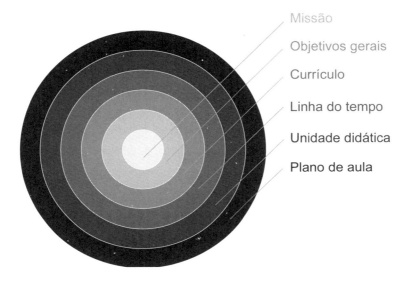

FIGURA 2.1 – Estrutura do planejamento pedagógico do IEE.

O planejamento pedagógico do IEE tem em sua estrutura, como ilustra a Figura 2.1, os componentes/instrumentos: missão, objetivos gerais, currículo, linha do tempo, unidade didática e plano de aula.

Missão

Contribuir para a formação do cidadão crítico e participativo, por meio da Educação Física e do esporte, favorecendo o desenvolvimento de comunidades de baixa renda.

Quando definimos a nossa missão e a partilhamos com a comunidade, estamos dizendo a todos para onde queremos ir. A missão exerce uma função orientadora e delimitadora, em que ficam comprometidos valores, crenças, expectativas, conceitos e recursos. É o pontapé inicial que define o nosso "jogo" e em que "campo" vamos "jogar". Nosso trabalho não termina com a missão. Como realizar a missão na prática? É hora de definir quais as regras do "jogo" e colocar o "time" em campo.

A definição dos objetivos gerais tem a virtude de aproximar o ideal traçado na missão à realidade, possibilita saber o que devemos fazer de forma concreta.

Objetivos gerais

Os objetivos gerais são propostas de ações concretas que devem ser executadas a médio e longo prazo para preparar as condições de trabalho pedagógico, a fim de que a realidade existente possa se aproximar da realidade desejada.

São critérios para estipulação dos objetivos gerais:

- Relevância social e cultural.
- Relevância para a formação intelectual e construção de habilidades.
- Potencialidade para conexões interdisciplinares.
- Acessibilidade e adequação às necessidades e aos interesses dos alunos.

Nesse sentido, os Núcleos Esportivos Sócio-Educativos têm como objetivos gerais:

- Conscientizar da importância da prática de atividade física e hábitos de higiene para a manutenção e melhora da qualidade de vida.
- Ampliar o universo cultural.
- Formar o cidadão crítico, participante e transformador de sua realidade.
- Formar profissionalmente em áreas sociais, de educação e saúde.
- Desenvolver competências e habilidades psicomotoras, socioafetivas e cognitivas.
- Integrar a comunidade local e escolar.

Currículo

O currículo não é um conceito abstrato, mas uma construção cultural, um modo de organizar uma série de práticas educativas (Grundy apud Sacristan, 2000, p. 14).

Ele descreve as funções sociais e a forma particular do processo educacional do centro educativo, considerando o contexto social e a modalidade de educação. Como exemplo, o currículo do Ensino Fundamental não tem a mesma função que o de um programa de esporte educacional. Dessa forma, o currículo pode ser entendido como:

- Conjunto dos pressupostos de partida, das metas que se deseja alcançar e dos passos necessários para alcançá-las.
- Conjunto de conhecimentos, habilidades e atitudes considerados importantes para serem trabalhados em um centro educacional.

No IEE, a participação de todos os professores na construção do currículo é fundamental, como protagonistas, e não como reprodutores de práticas ou rotinas relativas ao seu ofício pedagógico.

Como planejador e gestor de sua própria ação, essa nova imagem de professor não só é mais adequada à realidade como também é exigida pelas necessidades educativas dos alunos. Participar da elaboração do currículo contribui para a reflexão sobre sua prática pedagógica e sua formação continuada.

O professor não pode ser apenas executor de um currículo predefinido por especialistas, ainda que esse material possa ser referência, mas autor da sua prática, na medida em que ninguém mais é conhecedor da sua realidade e dos alunos do que ele mesmo, como mostra a Figura 2.2.

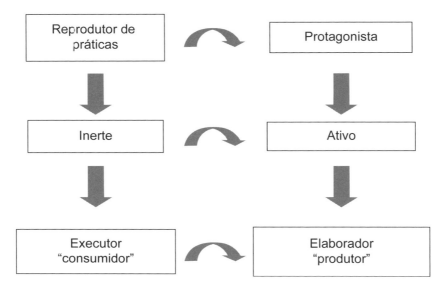

FIGURA 2.2 – Papel do professor no planejamento do currículo.

O currículo é um instrumento que define as ações e a prática em diálogo com a realidade, tendo o aluno como sujeito de sua aprendizagem, atuante na relação entre o conhecimento e sua transformação, conforme mostra a Figura 2.3.

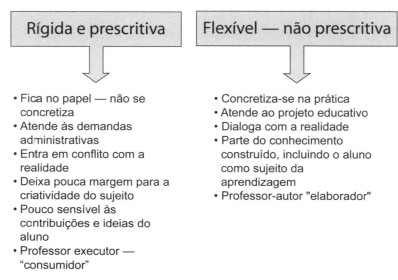

FIGURA 2.3 – Características do planejamento do currículo.

A função do currículo é definir, a partir da missão e dos objetivos gerais, os temas, os objetivos de aprendizagem, os conteúdos a serem aprendidos e os indicadores de avaliação para as diferentes faixas etárias ao longo dos anos.

Na elaboração do currículo, é fundamental incluir os tópicos:

- **Objetivos gerais**: ponto de partida do processo pedagógico. Definem de forma ampla e genérica o que se pretende alcançar a médio ou longo prazo. Para facilitar a sua formulação, responda às questões orientadoras: para que realizar o plano de curso? Aonde se pretende chegar? Quais as contribuições que o curso busca trazer?
- **Faixa etária ou série**: definir a idade ou o ano de escolaridade, considerando as características e as necessidades de cada faixa etária e o que será desenvolvido em cada ano ao longo do currículo.
- **Temas**: assuntos ou tópicos amplos, definidos a partir dos objetivos gerais, a serem ensinados e desenvolvidos, como Saúde, Mídia, Cultura, Esporte, Ética, Meio Ambiente etc. Nos temas, estão inseridos diversos conteúdos que podem ser definidos com os alunos como objetos de estudo. São critérios para definir os temas de estudo: urgência social, abrangência nacional, possibilidade de ensino/aprendizagem, compreensão da realidade e participação social. Perguntas orientadoras: que tema/assunto é relevante na sua comunidade? Quais as necessidades urgentes a serem incluídas no currículo?
- **Objetivos de aprendizagem para as diferentes faixas etárias**: delimitar o que o aluno deve aprender em curto prazo (durante um ciclo de aprendizagem) sobre o tema proposto. Os objetivos de aprendizagem contribuem para a formulação das expectativas de aprendizagem concretizadas nas unidades didáticas, devendo considerar o aluno real, o contexto em que está inserido, as necessidades, os interesses e a cultura local. Questões orientadoras: para que abordar este tema? Que competências e capacidades serão desenvolvidas? O que os alunos aprenderão?
- **Conteúdos**: definidos com base nos objetivos de aprendizagem, representam um detalhamento e aprofundamento do tema, tudo aquilo que será ensinado, construído e aprendido pelas crianças

e pelos jovens. Contribuem e facilitam o alcance dos objetivos de aprendizagem. Perguntas orientadoras: o que será abordado? O que vão conhecer? O que será estudado? Exemplos: capacidades físicas, obesidade, alimentação, exercícios físicos, voleibol, basquetebol, reciclagem e reaproveitamento de materiais, direitos e deveres, danças (populares e típicas), estética corporal, organização de eventos, olimpíadas etc.

- **Indicadores de avaliação**: relacionam-se ao alcance dos objetivos de aprendizagem previstos. No currículo, são mais gerais, sendo detalhados nas unidades didáticas. Questões orientadoras: o que demonstra que o aluno aprendeu? Que atitudes, comportamentos e ações dos alunos explicitam o alcance dos objetivos? Como verificar o processo de ensino e aprendizagem?

Quadro 2.1 – Modelo de currículo que parte do objetivo geral: desenvolver competências e habilidades psicomotoras, cognitivas e socioafetivas

Idade	Tema	Objetivos de aprendizagem	Conteúdos	Indicadores de avaliação
6 a 8 anos	Esporte	Ampliar o seu repertório motor no que se refere às habilidades motoras básicas classificadas nas três categorias de movimento: locomoção, manipulação e equilíbrio.	**Habilidades motoras básicas/fundamentais** *Movimentos locomotores*: andar, trotar, correr, saltitar e saltar. *Movimentos manipulativos*: arremessar, receber, quicar, chutar e rebater. *Movimentos de equilíbrio*: esquivas, paradas, aterrissagens, equilíbrio estático e equilíbrio dinâmico.	Variedade de habilidades motoras aprendidas; Evolução na aprendizagem dessas habilidades a partir da avaliação de critérios, como coordenação dos movimentos, controle motor e precisão.
		Descentrar-se e considerar os diferentes pontos de vista.	**Habilidades sociais/descentração** Jogos em pequenos grupos (2 x 2 e 3 x 3).	Participar das combinações de regras necessárias para jogar junto; Evolução no tempo de duração dos jogos, demonstrando continuidade e fluência durante a prática; Evolução de um jogo mais "truncado" para um jogo mais contínuo.
		Compreender o seu fazer, tomando consciência das suas ações e da lógica necessária para jogar bem e certo.	**Habilidades cognitivas/tomada de consciência** Jogos com ações/decisões individuais e coletivas no espaço e no tempo.	Utilizar as habilidades motoras e suas variações para superar os desafios e alcançar o êxito e o sucesso no jogo; Participar dos jogos entendendo a sua estrutura e organização lógica; Perceber o jogo como um espaço de ações encadeadas e sequenciais.

Continua

Continuação

Idade	Tema	Objetivos de aprendizagem	Conteúdos	Indicadores de avaliação
9 e 10 anos	Esporte	Combinar as habilidades motoras básicas das três categorias de movimento com boa coordenação motora e precisão de movimento.	**Habilidades motoras básicas/ fundamentais** Combinações de movimentos. Exemplos: correr + saltar; correr + arremessar; correr + saltar + arremessar; arremessar + receber; correr + chutar; correr + quicar; correr + arremessar etc.	Quantidade de combinações estudadas e aprendidas; Desempenho motor na execução das combinações a partir de critérios como precisão, número de acertos, qualidade na execução, rapidez e coordenação, equilíbrio etc.
		Cooperar na unificação das regras para jogar junto.	**Habilidades sociais/cooperação** Jogos em grupos (4 x 4); Jogos em grandes grupos; Jogos pré-desportivos.	Jogar a partir dos acordos e da unificação das regras construídas em grupo; Qualidade da construção e da adaptação de regras para que todos possam jogar a partir de critérios, como número de alunos incluídos ou excluídos.
		Compreender a lógica dos diferentes jogos e a função dos jogadores nas ações de ataque e defesa, planejando estratégias para jogar cada vez melhor.	**Habilidade cognitivas/compreensão e pensamento lógico** Noções de ataque e defesa, ocupação dos espaços e construção de estratégias.	Jogar com ações táticas e estratégias coletivas em situações de ataque e defesa; Jogar ocupando bem o espaço nos diferentes jogos em posições de ataque e defesa.
11 e 12 anos	Esporte	Executar as habilidades motoras específicas que estão presentes nas diferentes modalidades esportivas com precisão e bom controle motor.	**Habilidades motoras específicas das modalidades esportivas** Exemplo: voleibol: saque, recepção, passe, ataque e bloqueio.	Qualidade da prática dessas habilidades específicas nos diferentes contextos de aplicação; Melhora e evolução no desempenho dessas habilidades específicas.
		Autogerenciar os espaços de aprendizagem e prática esportiva, sem a interferência constante do professor.	**Habilidades sociais** Autogerenciamento da prática das modalidades esportivas.	Organizar-se em grupo para o desenvolvimento das atividades propostas com cada vez menos interferência e diretividade do professor.
		Compreender as diferentes práticas esportivas, ultrapassando o pensamento e o entendimento pela via concreta.	**Habilidades cognitivas/pensamento hipotético** Noções básicas de tática e de posicionamento dos jogadores nas diferentes modalidades esportivas.	Utilizar-se dos sistemas táticos básicos dos esportes; Elaborar e construir estratégias e táticas no sentido de vencer os desafios e as situações-problema enfrentadas durante os jogos.
13 e 14 anos	Esporte	Aprimorar habilidades motoras específicas presentes nas diferentes modalidades esportivas, demonstrando cada vez mais desempenho na execução.	**Habilidades motoras específicas das modalidades combinadas em duas ou três ações** Exemplo: voleibol – saque e recepção; recepção e passe; passe e ataque; ataque e bloqueio; recepção, passe e ataque; passe, ataque e bloqueio etc.	Executar as habilidades específicas do voleibol com qualidade em contextos em que se combinam duas ou três ações específicas do jogo.
		Gerir os espaços de aprendizagem e prática esportiva, desenvolvendo projetos e eventos internos e para a comunidade.	**Habilidades sociais** Autonomia e atitudes de protagonismo na prática das modalidades da cultura esportiva.	Organizar, planejar e executar projetos e eventos; Qualidade das ações e impacto positivo das propostas na rotina da comunidade.
		Realizar leitura crítica e criativa das diferentes formas de jogar as diversas modalidades esportivas.	**Habilidades cognitivas/pensamento crítico-criativo** Noções específicas e aprofundadas sobre a tática e o posicionamento dos jogadores durante a prática das diferentes modalidades esportivas.	Criar sistemas táticos de ataque e defesa; Solucionar situações-problema táticas e teóricas individual e coletivamente nas diversas modalidades esportivas.

Linha do tempo

O professor precisa ser um bom administrador do espaço, dos recursos e principalmente do tempo. Não basta o conhecimento, é preciso saber administrar o tempo das aulas, o ritmo dos alunos, o ambiente e os recursos para uma boa aprendizagem.

A experiência profissional é fator importante na construção dessa competência relacional, mas planejar com antecedência e antecipação é fundamental.

A linha do tempo é um instrumento para coordenar o planejamento das unidades didáticas e o tempo disponível para o seu desenvolvimento, prever quantos encontros ocorrerão ao longo do ano, as unidades didáticas que poderão ser desenvolvidas, com flexibilidade e conforme o desenvolvimento do aluno, como mostra a Figura 2.4

A elaboração e a revisão constante da linha do tempo, em virtude das avaliações das unidades didáticas e dos ajustes entre o previsto e o realizado, permitem ao professor estabelecer um diálogo com o planejamento, para criticar, reformular e principalmente reavaliar, verificando o que vale a pena manter e o que precisa ser corrigido ou até abandonado durante o ano letivo.

A linha do tempo deve contemplar:

- Faixa etária e grupo de ensino.
- Temas selecionados (dentro de cada objetivo).
- Número de semanas de um ciclo de aprendizagem.
- Eventos e ações previstos ao longo do ano.

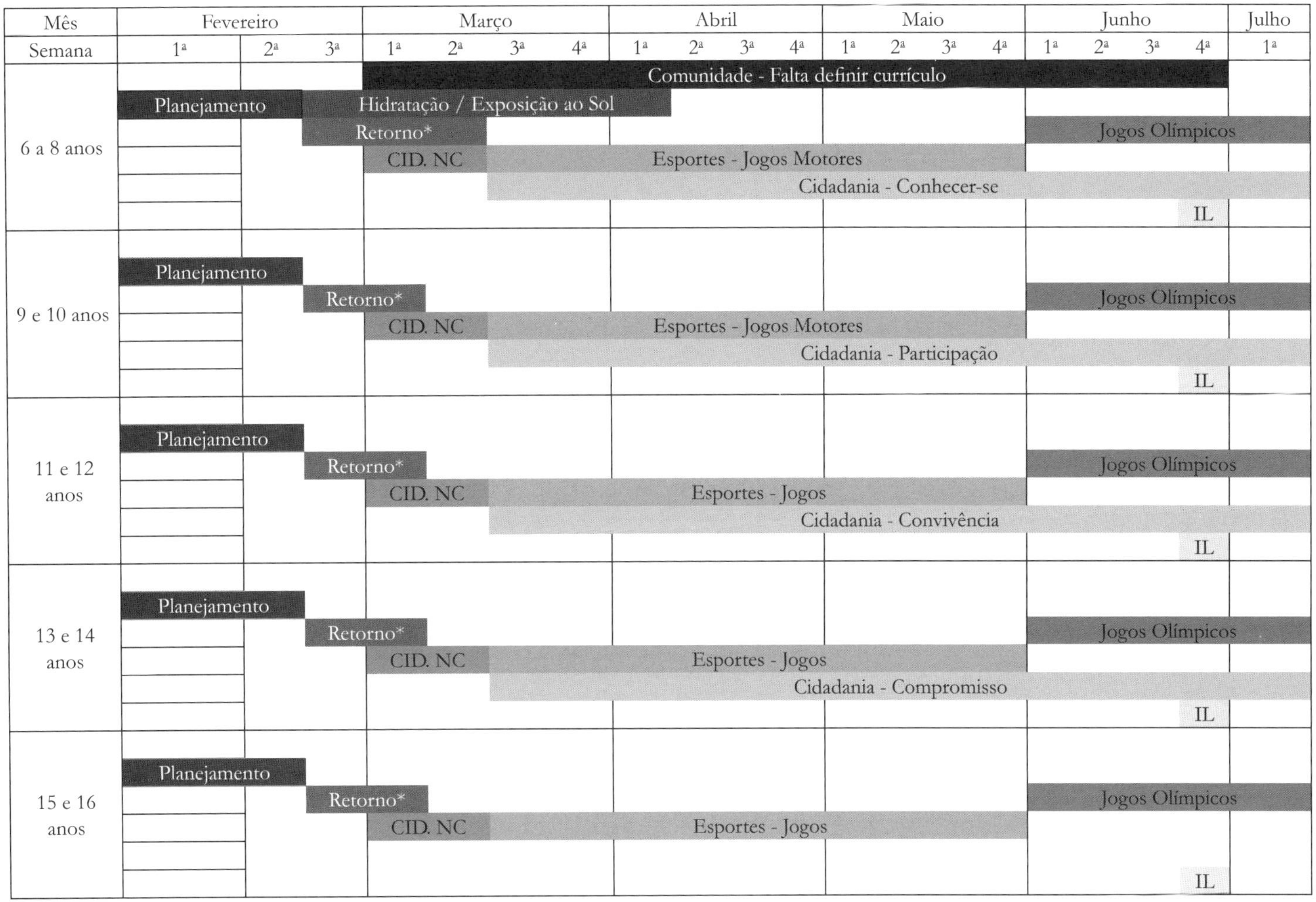

2 – Diretrizes do planejamento pedagógico

Mês	Fevereiro			Março				Abril				Maio				Junho				Julho
Semana	1ª	2ª	3ª	1ª	2ª	3ª	4ª	1ª	2ª	3ª	4ª	1ª	2ª	3ª	4ª	1ª	2ª	3ª	4ª	1ª
6 a 8 anos	Planejamento			Retorno* / Hidratação / Exposição ao Sol / CID. NC				Comunidade - Falta definir currículo / Esportes - Jogos Motores				Cidadania - Conhecer-se				Jogos Olímpicos				IL
9 e 10 anos	Planejamento			Retorno* / CID. NC				Esportes - Jogos Motores				Cidadania - Participação				Jogos Olímpicos				IL
11 e 12 anos	Planejamento			Retorno* / CID. NC				Esportes - Jogos				Cidadania - Convivência				Jogos Olímpicos				IL
13 e 14 anos	Planejamento			Retorno* / CID. NC				Esportes - Jogos / Cidadania - Compromisso								Jogos Olímpicos				IL
15 e 16 anos	Planejamento			Retorno* / CID. NC				Esportes - Jogos								Jogos Olímpicos				IL

FIGURA 2.4 – Modelo de linha do tempo elaborado pelo Núcleo Porto Seguro, Itatiba (SP).

Unidade didática

A unidade didática possibilita a efetivação dos ideais traçados no currículo na realidade do contexto dos alunos e das condições materiais e estruturais, aprofunda e detalha os objetivos de aprendizagem e conteúdos a serem ensinados nas dimensões dos conceitos, dos fatos, dos procedimentos e das atitudes, transformando-os em expectativas de aprendizagem.

Ela se caracteriza por uma série ordenada e articulada de atividades. Os tipos de atividade, mas, sobretudo, a forma e a ordem de se organizar, determinam a especificidade de muitas propostas didáticas, por exemplo, a exposição de um tema, a observação, o debate, as provas etc., permitindo identificar o método de ensino, como expositivos ou manipulativos, por recepção ou descoberta, indutivos ou dedutivos e outras características preliminares da forma de ensinar (Zabala, 1998). Assim, é preciso perguntar: a proposta está adequada aos objetivos e às expectativas de aprendizagem? Os conteúdos favorecem a aprendizagem?

Com base nos objetivos de aprendizagem indicados no currículo, são selecionados os conteúdos, que passam a ser denominados *conteúdos de aprendizagem,* porque se prestam a atingir os objetivos previstos.

Na seleção dos conteúdos, podemos considerar os seguintes critérios:

- Relevância social.
- Características dos alunos.
- Especificidades do conhecimento da área.

Os *conteúdos de aprendizagem*, de acordo com Coll (1986), são apresentados segundo sua categoria conceitual (fatos, princípios e conceitos), denotam o aprender a saber; procedimental (habilidades e competências produtivas) ligado ao aprender a fazer – pesquisar, redigir, construir, jogar, correr, sacar etc. — e atitudinal (normas, valores e atitudes), relacionados ao aprender a ser e conviver, o que permite a identificação mais precisa das intenções educativas, transformando-se nas *expectativas de aprendizagem.*

Os Parâmetros Curriculares Nacionais da Educação Física (Brasil, MEC, 1998) classificam as dimensões de conteúdo:

- **Conteúdos atitudinais** — valores, atitudes e normas:
    - *Valores* – princípios éticos e ideias que permitem emitir um juízo sobre as condutas e seu sentido. Exemplos: verdade, liberdade, justiça e paz.
    - *Atitudes* – refletem a coerência entre o comportamento e o discurso, expressam os valores e a posição do indivíduo em diferentes contextos. Exemplos: cooperação, solidariedade, respeito e honestidade.
    - *Normas* – padrões ou regras de comportamentos construídos socialmente para organizar determinadas situações. Exemplos: regras dos jogos e do estabelecimento, estatuto do centro educacional e normas de convivência.

- **Conteúdos procedimentais**: saber fazer – envolve tomar decisões e realizar uma série de ações, de forma ordenada e não aleatória, para atingir uma meta. São capacidades e habilidades produtivas, relacionadas à realização, expressas por verbos que indicam ações, como correr, saltar, arremessar, dialogar, selecionar, pesquisar, elaborar tabelas e regulamentos etc.

- **Conteúdos conceituais/factuais**: conceitos e princípios que se prestam a generalizações, deduções, informações e sistematizações relativas ao ambiente sociocultural. Exemplos: sistemas táticos, princípios do treinamento, definições das capacidades físicas, classificação dos nutrientes e hidratação. Os fatos são relativos aos nomes, às datas e aos eventos socialmente considerados relevantes como conteúdo de aprendizagem. Exemplos: nomes dos fundamentos esportivos, datas e fatos históricos esportivos.

A dimensão factual será mais significativa quando atrelada à conceitual, como os nomes dos músculos, que serão mais significativos se internalizados a partir da compreensão do princípio mecânico da sua função.

Essas categorias devem explicitar as diferentes dimensões das aprendizagens e não determinar, de forma fragmentada, qual dimensão de conteúdo será trabalhada em cada dia ou momento da aula. Atenção e cuidado para não compartimentalizar o que nunca está separado na aprendizagem.

Embora as dimensões das expectativas de aprendizagem (dos conteúdos conceitual, procedimental e atitudinal) possam ser analisadas separadamente, elas acontecem e se concretizam simultaneamente. O que ocorre é que o professor, que não planeja sistematicamente, foca mais suas expectativas e ações em uma dimensão do que nas outras, mediando e avaliando a aprendizagem somente em um aspecto. Dessa forma, as relações entre as dimensões ocorrem de forma oculta, reduzindo seu significado, cabendo ao aluno construir essas relações, uma vez que a intervenção do professor não estava planejada inicialmente sobre todas as dimensões. A relação entre as dimensões é que determina o grau de significado da aprendizagem relativo a cada faixa etária.

Segundo Brasil, MEC (1998):

> os conteúdos conceituais e procedimentais mantêm uma grande proximidade, na medida em que o objeto central da cultura corporal de movimento gira em torno do fazer, do compreender e do sentir com o corpo. Incluem-se nessas categorias os próprios processos de aprendizagem, organização e avaliação. Os conteúdos atitudinais apresentam-se como objetos de ensino e aprendizagem, e apontam para a necessidade de o aluno vivenciá-los de modo concreto no cotidiano escolar, buscando minimizar a construção de valores e atitudes por meio do currículo oculto. (p. 42)

As categorias de conteúdo (conceitual, procedimental e atitudinal) sempre estão associadas, mesmo quando tratadas de maneira específica. Os aspectos conceituais do desenvolvimento da resistência orgânica são aprendidos junto com os procedimentais, por meio de exercícios anaeróbicos e com os atitudinais de valorização (sentir-se envolvido e responsabilizar-se pelo seu desenvolvimento). Essas categorias constituem-se em referenciais para o diálogo entre o ensino e a aprendizagem.

Nesse momento, para organizar o processo de ensino e aprendizagem, convém perguntar: como se aprende? O IEE adota a pedagogia do esporte atrelada à perspectiva socioconstrutivista, por sua capacidade de refletir sobre o processo de ensino e aprendizagem e dialogar com o aluno real, atendendo e respeitando a diversidade.

Zabala (1998, p. 86) comenta a concepção construtivista e a atenção à diversidade nas unidades didáticas:

> Podemos extrair do conhecimento da forma de produção das aprendizagens duas perguntas: a primeira, *relacionada com a potencialidade* das sequências para favorecer o maior grau de significância das aprendizagens, e a segunda, com sua capacidade para favorecer que os professores prestem atenção à diversidade.
> Expressada de forma muito sintética, [...] a aprendizagem é uma construção pessoal que cada menino e cada menina realizam graças à ajuda que recebem de outras pessoas! Esta construção, através da qual podem atribuir significado a um determinado objeto de ensino, implica a contribuição por parte da pessoa que aprende, de seu interesse e disponibilidade, de seus conhecimentos prévios e de sua experiência. Em tudo isto desempenha um papel essencial a pessoa especializada, que ajuda a detectar um conflito inicial entre o que já se conhece e o que se deve saber, que contribui para que o aluno se sinta capaz e com vontade de resolvê-lo, que propõe o novo conteúdo como um desafio interessante, cuja resolução terá alguma utilidade, que intervém de forma adequada nos progressos e nas dificuldades que o aluno manifesta, apoiando-o e prevendo, ao mesmo tempo, a atuação autônoma *do aluno*. É um processo que não só contribui para que o aluno aprenda certos conteúdos, mas também faz com que aprenda a aprender e que aprenda que pode aprender. Sua repercussão não se limita ao que o aluno sabe, igualmente influi no que sabe fazer e na imagem que tem de si mesmo.

Com base no exposto, algumas perguntas devem ser feitas para estabelecer as atividades da unidade didática, com o objetivo de reconhecer sua validade, mas, sobretudo, indicar pistas para reforçar algumas atividades e estratégias ou acrescentar outras novas.

Na unidade didática, as estratégias:

- Permitem determinar os conhecimentos prévios que cada aluno tem em relação aos novos conteúdos de aprendizagem?
- Desenvolvem conteúdos de forma significativa e funcional para os meninos e as meninas?

- São adequadas ao nível de desenvolvimento de cada aluno?
- Representam um desafio alcançável para o aluno, levam em conta suas competências atuais e o fazem avançar com a ajuda necessária, criando zonas de desenvolvimento proximal?
- Provocam conflito cognitivo e promovem a atividade mental do aluno, para que ele estabeleça relações entre os novos conteúdos e os conhecimentos prévios?
- Promovem atitude favorável e são motivadoras para a aprendizagem dos novos conteúdos?
- Estimulam a autoestima e o autoconceito para que o aluno possa sentir que em certo grau aprendeu, que seu esforço valeu a pena?
- Ajudam o aluno a adquirir habilidades relacionadas com o aprender a aprender, para ser cada vez mais autônomo em suas aprendizagens?

A busca pelas respostas das questões remete ao processo de avaliação, condição para planejar que demonstra a interdependência entre planejamento e avaliação do processo de ensino.

Na unidade didática, consideram-se três momentos da avaliação: inicial, reguladora e final.

A *avaliação inicial* procura identificar o conhecimento que os alunos têm sobre o objeto de estudo em relação ao aprender a saber, ao aprender a fazer e ao aprender a conviver e aprender a ser (*Os Quatro Pilares da Educação*, propostos por Delors (1998) no relatório para a UNESCO sobre a educação para o século XXI), ou seja, avaliam-se as dimensões conceitual, procedimental e atitudinal do conteúdo, a fim de estabelecer que tipos de atividades favorecerão a aprendizagem dos alunos em relação aos objetivos e aos conteúdos de aprendizagem previstos, definir uma proposta de intervenção e organizar as atividades de aprendizagem, que possibilitarão o progresso dos alunos.

As atividades utilizadas para acompanhar o desenvolvimento dos alunos, comparando com os objetivos pretendidos, denominam-se *avaliação reguladora*. É a reflexão do professor durante o processo de ensino, a partir das aprendizagens dos alunos; fornece informações para reorganizar, replanejar e controlar as estratégias e as atividades, com a função de ajustar o ensino à diversidade dos alunos e ampliar as possibilidades de ensino e aprendizagem.

A *avaliação final* permitirá analisar se o conjunto de atividades de ensino/aprendizagem contribuiu para que cada aluno atingisse os objetivos previstos em determinado grau. Para Zabala (1998), a avaliação final encerra uma unidade didática não apenas para mensurar a aprendizagem obtida nas dimensões conceitual, procedimental e atitudinal, mas, também:

> a fim de validar as atividades realizadas, conhecer a situação de cada aluno e poder tomar as medidas educativas pertinentes, haverá que sistematizar o conhecimento do progresso seguido. Isto requer, por um lado, apurar os resultados obtidos — quer dizer, as competências conseguidas em relação aos objetivos previstos — e, por outro, analisar o processo e a progressão que cada aluno seguiu, a fim de continuar sua formação levando em conta suas características específicas. (p. 128)

O processo de avaliação aponta a trajetória seguida pelo aluno, as medidas tomadas, o resultado final do processo e, especialmente, o que é necessário continuar fazendo ou deixar de fazer.

Na avaliação da dimensão conceitual, verifica-se a aplicação dos conceitos em novas situações-problema, como o emprego de sistema tático para superar o adversário. Na dimensão procedimental, a avaliação é sistemática, a partir do fazer do aluno, como a observação na realização de um gesto esportivo, como a manchete ou a execução de teste motor. A avaliação da dimensão atitudinal ocorre na observação do aluno em situações de conflito, expressão de opiniões, em situações de debate e argumentação, por exemplo, sobre o valor e a prática da honestidade frente a uma regra em uma situação de jogo.

Entre as dimensões, a atitudinal é a mais difícil de ser avaliada, porque tem sido utilizada como sancionadora e pela dificuldade de mensurar e classificar o grau de aprendizagem e/ou desenvolvimento, por exemplo, como quantificar ou qualificar quão cooperativo um aluno se tornou ou se desenvolveu. Embora difícil, tal avaliação contribui para a formação moral.

A unidade didática (Quadro 2.2) deve conter: local, período de realização e duração da unidade, professor responsável, objetivo geral, tema, expectativas de aprendizagem, conteúdos, estratégias e atividades, indicadores e instrumentos de avaliação, resultados, aspectos facilitadores e dificuldades apresentadas, a fim de fornecer parâmetros e diretrizes para o professor encaminhar seu planejamento de forma intencional e sistematizada.

É um instrumento de gestão pedagógica, não uma "camisa-de-força", devendo ser utilizado pelos professores, nos diferentes núcleos, de acordo com o currículo e a realidade. A forma está colocada, porém as expectativas de aprendizagem e os conteúdos são traçados pelo professor com seus alunos. O professor deve estar bastante atento para que a unidade didática seja um instrumento de reflexão e regulação do processo de ensino e aprendizagem, sempre em construção, pois é no diálogo que o professor estabelece com seus alunos e a comunidade que se definem os encaminhamentos, as atividades e as estratégias que melhor se adaptam aos objetivos e conteúdos de aprendizagem.

Nas unidades didáticas construídas nos NESEs, são elementos essenciais:

- **Local**: centro educacional em que é desenvolvida a unidade didática.
- **Período de realização/duração da unidade**: número de aulas previstas.
- **Professor responsável**: nome.
- **Objetivos gerais**: parte integrante do currículo, define o que se pretende alcançar a médio ou longo prazo. São amplos e genéricos, sendo o ponto de partida do processo pedagógico. Questões orientadoras: para que se realiza o plano de curso? Aonde se pretende chegar? Quais as contribuições que o curso busca trazer?.
- **Tema**: assuntos ou tópicos amplos, definidos a partir dos objetivos gerais, como Saúde, Mídia, Cultura, Esporte, Ética, Meio Ambiente. Nos temas estão inseridos diversos conteúdos que podem ser definidos com os alunos. Critérios para definir os temas de estudo: urgência social, abrangência nacional, possibilidade de ensino/aprendizagem, compreensão da realidade e participação social. Perguntas orientadoras: que assunto é relevante para sua comunidade? Quais as necessidades urgentes a serem abordadas no currículo?.
- **Expectativas de aprendizagem**: o que o aluno deve aprender no curto prazo (tempo da unidade didática) sobre o tema proposto, nas dimensões atitudinais, procedimentais e conceituais. Os objetivos de aprendizagem descritos no currículo orientam a seleção das ex-

pectativas de aprendizagem em relação à faixa etária, respeitando e valorizando as necessidades, os interesses, a cultura e o nível de desenvolvimento dos alunos. Exemplos das expectativas de aprendizagem são descritos no Capítulo III, nas unidades didáticas desenvolvidas nos NESEs. Questões orientadoras: O que esperamos que o aluno aprenda nas dimensões (conceitual, procedimental e atitudinal)? Que competências serão desenvolvidas? Ao final da unidade didática, os alunos serão capazes de quê?.

- Conteúdos: tratados como conteúdos de aprendizagem, são descritos nas expectativas de aprendizagem e nas estratégias de ensino. Constituem-se em tudo aquilo que é ensinado e aprendido. Perguntas orientadoras: o que abordar? O que ensinar? O que devem aprender? Exemplos: capacidades físicas, obesidade, exercícios físicos, jogos populares, fundamentos do voleibol, arremessos do basquetebol, reciclagem e reaproveitamento de materiais, direitos e deveres, danças (populares e típicas), estética corporal, organização de eventos, olimpíadas etc.

- Estratégias/atividades: forma de realização das práticas pedagógicas (ações e atividades) e seu encadeamento, passos que serão dados. Exemplos: assistir a filmes e debates, jogos, aulas expositivas, pesquisas na Internet, elaboração de painel, exercícios individuais e em grupo, rodas de conversa, eventos e discussões em grupo etc. Perguntas orientadoras: o que fazer para desenvolver os conteúdos e contemplar as expectativas de aprendizagem? Que atividades serão propostas?.

- Indicadores de avaliação: critérios ou indicadores do alcance de cada expectativa de aprendizagem (conceitual, atitudinal e procedimental), como número de participantes, nível de desenvolvimento motor, grau de satisfação, quantidade e qualidade de produtos, táticas e estratégias utilizadas, frequência de comportamentos e atitudes nas relações interpessoais e porcentagem de aproveitamento. Como aprofundamento e detalhamento das expectativas de aprendizagem, consubstanciam-se nos hábitos, nos comportamentos e nas competências desejados dos alunos, demonstrando o alcance dos objetivos pretendidos e a aprendizagem dos conteúdos. Questões orientadoras: o que demonstra que o aluno aprendeu? Que atitudes, comportamentos e ações dos alunos explicitam que as expectativas de aprendizagem foram contempladas?

- **Instrumentos de avaliação**: descrição dos instrumentos para a coleta de dados e informações para a avaliação. Exemplos: questionários, entrevistas, autoavaliação, testes, observação, seminários, provas, discussões, trabalhos etc. Questões orientadoras: como sabemos se o aluno aprendeu? Quais os meios de coletar informações sobre a aprendizagem? Como verificar o processo de ensino e aprendizagem?
- **Resultados**: relato das expectativas de aprendizagem alcançadas com as aulas e a avaliação da unidade didática. Descrevem-se as análises e as conclusões formuladas com as avaliações, para cada um dos indicadores de avaliação apresentados, comparando o estágio inicial (avaliação inicial) com o estágio final (avaliação final), realizando a avaliação integradora. Questões orientadoras: qual o impacto? Quais as contribuições das aulas aos alunos? Quais as diferenças de comportamentos, níveis, competências e habilidades dos alunos entre o início da unidade didática e seu término?
- **Aspectos facilitadores**: fatores, materiais, espaços, equipamentos, pessoas, ações e instrumentos que favoreceram o alcance das expectativas de aprendizagem. Fator fundamental no processo de reflexão do professor, possibilita a avaliação do processo de ensino e aprendizagem e a formação continuada. Perguntas orientadoras: por que deu certo? Quais as lições e aprendizados?
- **Dificuldades apresentadas**: descrevem-se os fatores, materiais, espaços, equipamentos, pessoas, ações e instrumentos que atrapalharam ou impediram as atividades e o alcance da aprendizagem prevista. Elemento essencial na reflexão e na aprendizagem do professor. Questões orientadoras: o que não funcionou? Por que não deu certo? O que pode melhorar? Quais as lições e os aprendizados?

O Quadro 2.2 mostra a estrutura da unidade didática. No Apêndice, apresenta-se um modelo de unidade didática completo.

Quadro 2.2 – Modelo de unidade didática desenvolvida nos NESEs

Instrumento de gestão pedagógica			
Unidade didática			
Turma:	Professor (a):		Período de Realização (data):
Objetivo Geral:			
Tema:			
Expectativas de Aprendizagem			
Conceitual:			
Procedimental:			
Atitudinal:			
Estratégias/atividades	Dias de Aula:		
^	Mês:		
^	Dia		
Avaliação			
Indicadores	Instrumentos		Resultados
Resultados: Avaliação qualitativa e quantitativa (gráficos/fotos/anexos):			
Aspectos facilitadores:			
Dificuldades apresentadas:			

Os trabalhos com unidades e projetos didáticos contribuem para:

- Ampliação da compreensão dos processos de aprendizagem mais complexos, pois implica pensar o ensino de conteúdos de maneira articulada com os objetivos.
- Maior envolvimento dos alunos no desenvolvimento das atividades, em processos de cogestão e planejamento participativo.
- Flexibilização do conceito de planejar, apoiado em uma reflexão permanente sobre o que ocorre a cada passo do desenvolvimento das atividades.
- Ampliação do diálogo sobre o tema específico com os demais temas do currículo e com outras fontes de informação, como mídia, Internet, comunidade, livros, jornais e revistas.
- Maior aproximação do educador aos interesses e ao potencial dos alunos.

Plano de aula

Instrumento pedagógico do dia a dia, o plano de aula, conforme o modelo do Quadro 2.3, configura-se como uma continuidade da unidade didática. Valendo-se dos temas/conteúdos previstos, o professor estrutura a sua aula nos diferentes momentos: roda de conversa inicial, vivências e roda de conversa final. Elaborado quinzenal ou semanalmente, o plano deve trazer detalhadamente as estratégias/atividades e os recursos para o encaminhamento da aula.

Como instrumento de avaliação diária, oportuniza registrar e analisar a adequação das propostas, o conteúdo ministrado, os pontos positivos e os desafios para o futuro.

Esse registro diário do professor permite uma reflexão constante, oferecendo dados e informações relevantes para o planejamento dos próximos encontros, a sistematização e o acompanhamento "real" do processo de evolução de cada turma.

Quadro 2.3 – Modelo de plano e relatório de aula utilizado nos NESEs do IEE

Instrumento de gestão – plano e relatório de aula				
Data: _____ Prof. Responsável: _____				
Turmas / Horário: _____				
Tema da aula:				
Estrutura da aula	Conteúdo planejado	Estratégias (jogos e/ou exercícios planejados)		Material
Primeira parte (roda inicial)				
Segunda parte (vivências)	Saber (fatos e conceitos)			
	Saber fazer (procedimentos)			
	Saber conviver e ser (atitudes)			
Terceira parte (roda final)				

Continua

Continuação

Avaliação da Aula				
Turma	Adequação das propostas (desafios)	Conteúdo desenvolvido	Aspectos positivos	Desafios futuros
Primeira parte				
Segunda parte				
Terceira parte				
Número alunos inscritos:			Número alunos presentes:	
Observações/registros:				

No próximo capítulo, descreveremos algumas unidades didáticas desenvolvidas nos NESEs, baseadas nos currículos como exemplos de instrumento flexível de planejamento, que organiza e sistematiza as intenções de ensino e contempla as respostas dos alunos durante o processo, constituindo-se em *prática pedagógica reflexiva*.

3
Unidades didáticas: relatos de experiências

Nos últimos anos, o IEE vem aperfeiçoando a metodologia de ensino do esporte educacional, indo além da abordagem do esporte apenas como atrativo para o aluno ir ao centro educacional participar de uma aula e, após a prática esportiva, aproveitar para aprender informática, idiomas, mídia virtual ou formação para o trabalho. Abordando temas relacionados ao esporte e às manifestações da cultura corporal, aprofundamos o significado dos conteúdos de aprendizagem, atingindo os objetivos por meio do estudo, da prática e da reflexão das práticas corporais, o que amplia os aspectos educacionais da prática do esporte e o entendimento do tema proposto.

As unidades didáticas, elegidas e relatadas como exemplos da metodologia de ensino do esporte educacional do IEE, estruturam-se e concretizam-se pelo esporte e pelo movimento corporal para alcançar os objetivos e as expectativas de aprendizagem, foco constante de aperfeiçoamento do trabalho pedagógico.

Apresentamos algumas unidades didáticas que, paralelamente ao trabalho do esporte, também se articulam com o contexto local do Núcleo. A partir das necessidades, das características e das urgências da comunidade, aproveitam e potencializam outros temas existentes, a favor da disseminação do conhecimento e do exercício da cidadania em contexto significativo.

As unidades didáticas expressam o trabalho reflexivo dos professores do IEE, em constante diálogo com a realidade da comunidade do NESE, todos muito diversos. Porém, os propósitos são iguais: educar com o esporte para a vida digna e o exercício da cidadania.

Unidade didática I

Local

Fundação Julita – Polo São Luiz – Zona Sul

Período de realização

Março a junho de 2008

Professores responsáveis

Carlos Costa e Fabiana Oliveira

Faixa etária ou série

11 e 12 anos

Objetivo geral

Ampliar o conhecimento sobre os esportes olímpicos e a diversidade das manifestações esportivas que fazem parte da cultura corporal nacional e internacional.

Tema

Esportes olímpicos

Expectativas de aprendizagem

Dimensão conceitual

- Conhecer as diferentes modalidades presentes nos jogos olímpicos, estudando suas características e particularidades nos aspectos relacionados à história, à origem, à evolução etc.
- Comparar e classificar as modalidades esportivas de acordo com os seguintes critérios: convencionais e não convencionais; individuais e coletivas; realizadas no campo, na pista, em piscinas ou em outros espaços, com ou sem materiais etc.
- Aprender sobre as funções realizadas pelos diferentes agentes participantes de eventos esportivos (jogadores, árbitros, técnicos, dirigentes, público, mídia etc.).

Dimensão procedimental

- Praticar as modalidades esportivas adaptando-as à realidade da escola (número de alunos, espaço físico, materiais etc.).
- Construir e explorar materiais alternativos que possam ser utilizados para a prática dos esportes selecionados na unidade didática.
- Participar das práticas esportivas alternando o desempenho de diferentes funções de jogador, árbitro, capitão do time, técnico etc.
- Confeccionar um painel dos esportes olímpicos comparando e classificando as modalidades de acordo com os critérios sugeridos na dimensão conceitual.

Dimensão atitudinal

- Mostrar interesse e disponibilidade para a discussão e o encaminhamento das dificuldades encontradas na organização, no planejamento e na execução das atividades.

- Valorizar o espaço das aulas como um espaço de participação e construção coletiva.
- Respeitar as regras e as normas de convivência no que se refere às relações de grupo (escutar o outro nas rodas de conversa, deixar o colega falar, evitar comentários preconceituosos com relação à etnia, à obesidade e à habilidade para jogar etc.).

Estratégias/atividades: desenvolvimento da unidade didática

1ª etapa

- Rodas de conversa para a exposição da unidade didática e o diagnóstico sobre o conhecimento dos alunos a respeito dos esportes olímpicos.
- Levantamento dos esportes olímpicos conhecidos pelos alunos: quais os esportes que vocês conhecem? Quais são os mais praticados aqui no Brasil? Por quê? Onde aprendemos esses esportes? Como aprendemos? Como podemos classificá-los? Quais os esportes que podemos praticar aqui na escola?.
- Elaboração coletiva de um painel com o registro e a classificação dos diferentes esportes conhecidos pelos alunos. Início da classificação dos esportes de acordo com os critérios estabelecidos nas expectativas de aprendizagem.
- Elaboração de um cronograma com os esportes que serão estudados durante as diferentes etapas (quatro esportes em cada uma delas) de realização da unidade didática.
- Vivência e experimentação de quatro esportes (dois convencionais e dois não convencionais) sugeridos pelos alunos e programados na linha do tempo.

2ª etapa

- Nas rodas de conversa – realização de uma avaliação da primeira etapa da unidade didática. O que deu certo? Quais as correções de rumo que precisam ser feitas? Quais as aprendizagens efetivadas? Como foi a participação do grupo? Como foi a prática dos esportes?
- Prática de quatro novos esportes presentes na linha do tempo para a segunda etapa da unidade didática. Organizar as atividades com antecedência (espaços, materiais, tempo de prática etc.).
- Nesta etapa, durante as atividades, combinar e organizar a prática de forma que os alunos possam vivenciar as diferentes funções presentes nos espaços esportivos: jogador, árbitro, capitão do time, técnico etc. Quais as responsabilidades de cada um nas diferentes funções? Quais as funções mais difíceis ou mais fáceis de se executar? Quais as habilidades necessárias em cada função?.
- Continuar o trabalho com o painel dos esportes olímpicos priorizando o estudo das modalidades e sua origem, história e evolução. Sugerir aos alunos algumas pesquisas com base em um roteiro mínimo: Quem inventou o esporte? Onde foi inventado? Quando foi inventado? Onde mais se pratica? Quais as habilidades específicas de cada esporte? Quando foi introduzido nos jogos olímpicos? Como tem evoluído (regras, material esportivo etc.) ao longo dos tempos?

3ª etapa

- Avaliação processual com base na observação e nos registros do professor e foco nas expectativas e nos indicadores de aprendizagem.
- Levantamento das dificuldades encontradas na realização das atividades e na proposição de novas estratégias para a realização dos

esportes programados para esta etapa do projeto. Selecionar as novas quatro modalidades desta etapa da unidade didática.
- Vivência e experimentação dos esportes com a construção e a adaptação dos espaços e dos materiais necessários para a prática esportiva.
- Divisão da turma em quatro grupos, sendo cada um responsável pela organização, pelo planejamento e pela vivência de uma modalidade esportiva selecionada para esta etapa. Cada grupo deverá organizar a prática pensando nos diferentes momentos da aula (preparação do espaço e do material, explicação da atividade e seu encaminhamento, mediação dos desafios e dos conflitos, organização do material pós-aula etc.).

4ª etapa

- Definição dos quatro últimos esportes a serem praticados na unidade didática.
- Organizar uma miniolimpíada com os esportes estudados na sequência didática.
- Envolver os alunos no planejamento (programação, regulamento, tabela de jogos, premiação etc.) da miniolimpíada com base no princípio de que todos devem jogar e executar as diferentes funções privilegiando e ressaltando a importância do trabalho em grupo.
- Encaminhar rodas de conversa com os alunos sobre o esporte atual e suas manifestações. Sugere-se tematizar conteúdos relacionados à sociedade, à política, ao consumo, à mídia, à saúde, à economia etc. Pode-se partir daqui para a organização de outra unidade didática que trate do esporte e de sua relação com o "mundo" ao seu redor.

5ª etapa

- Realização de uma síntese dos principais esportes estudados.
- Convidar outros grupos da escola para praticar os esportes estudados durante a unidade didática.
- Finalização do painel dos esportes olímpicos e apresentação para a comunidade escolar.
- Avaliação final da aprendizagem dos alunos com base nos indicadores selecionados e com a utilização dos instrumentos de registro e observação.

Indicadores e instrumentos de avaliação

Indicador	Instrumento
Número de alunos participantes em cada aula.	Lista de chamada.
Número de esportes estudados. Número de esportes novos (não convencionais) que foram estudados. Quantidade de material diversificado (adaptado) construído pelos alunos.	Registros do professor no diário de bordo, painel dos esportes olímpicos e questionário aos alunos.
Qualidade das pesquisas realizadas pelos alunos e aprendizado do conteúdo estudado.	Depoimentos e discussões realizadas nas rodas de conversa, diário de bordo do professor e pesquisas (registros) entregues pelos alunos.
Qualidade da elaboração do painel dos esportes olímpicos.	Painel dos esportes olímpicos – forma e conteúdo.
Qualidade da prática dos alunos e evolução nas habilidades para a realização dos esportes. Qualidade da participação dos alunos nas aulas quando da vivência das diferentes funções (jogador, árbitro, técnico etc.) e no planejamento e na realização da miniolimpíada. Qualidade da participação dos alunos nas questões atitudinais como escutar o outro nas rodas de conversa, deixar o colega falar, evitar comentários preconceituosos com relação à etnia, à obesidade e à habilidade para jogar etc.	Registros do professor no diário de bordo valendo-se das observações realizadas nas aulas.

Resultados

Esta unidade didática foi aplicada entre os meses de fevereiro e junho de 2008, para um grupo de meninos e meninas com idade de 11 e 12 anos, moradores da comunidade localizada no entorno da Fundação Julita, bairro do Jardim São Luiz, zona sul da cidade de São Paulo.

A Fundação Julita, em parceria com o Instituto Esporte & Educação, desenvolve um programa de educação por meio do esporte com objetivos voltados para o desenvolvimento global e integrado das crianças e dos jovens nas dimensões motoras, cognitivas, sociais e afetivas.

As chamadas turmas da comunidade têm duas aulas por semana, com duração de uma hora cada sessão. Nesta unidade didática, foram realizadas 26 aulas nos diferentes espaços da Fundação, como as quadras, a trilha, a pista de atletismo adaptada, o quiosque e o laboratório de informática.

Nas quadras, foram realizadas as vivências dos esportes coletivos e alguns individuais. O atletismo (corridas e saltos) foi praticado na trilha e na pista de atletismo com alguma adaptação de espaço e material. As rodas de conversa, principalmente nos finais das aulas, foram realizadas no quiosque, um espaço muito interessante para conversas e trocas de ideias entre alunos e professores. O laboratório de informática foi utilizado pelos alunos para as pesquisas sobre os esportes, a olimpíada e os materiais esportivos.

Durante a realização da unidade didática, estudamos mais ou menos quinze modalidades esportivas que classificamos entre convencionais e não convencionais:

- Modalidades esportivas convencionais estudadas e tematizadas: futebol, voleibol, basquetebol, handebol, ginástica artística, corrida de resistência, corrida de velocidade, tênis e tênis de mesa/pingue-pongue.
- Modalidades esportivas não convencionais estudadas e tematizadas: *badminton*, beisebol, marcha atlética, tiro ao alvo e canoagem.

Foi muito interessante observar o quanto esta unidade didática contribuiu para que os alunos ampliassem o seu repertório de esportes "conhecidos". Na avaliação realizada no início da unidade didática, verificamos que os alunos conheciam somente aqueles esportes que são mais veiculados na mídia. Mesmo sendo um ano de Olimpíadas, os meninos e as meninas pouco conheciam sobre outras modalidades esportivas para além daquelas que geralmente são praticadas nas escolas e em outros espaços da comunidade.

Durante a realização do projeto, percebemos que os alunos conseguiram ampliar seu olhar para outras modalidades esportivas, as chamadas *modalidades não convencionais*. Fizemos algumas pesquisas e selecionamos modalidades que poderiam ser praticadas nos espaços da Fundação Julita. A vivência dessas modalidades, as pesquisas, a construção e a adaptação dos materiais ajudaram muito para que os meninos e as meninas conhecessem outras modalidades esportivas. Foi significativo observar a reação dos alunos quando aprenderam e conseguiram realizar, mesmo que de forma adaptada, esportes como o *badminton,* beisebol e tiro ao alvo.

Os registros realizados por nós e pelos alunos durante as aulas ajudaram muito nas conversas, nas discussões e nas reflexões sobre os esportes, sua prática e os aprendizados que aconteciam a partir das práticas. Vale apresentar alguns depoimentos dos alunos que reforçam os aprendizados conquistados para além da simples prática das modalidades mais tradicionais como o voleibol, o basquetebol e o futebol.

Em uma das aulas da quinta etapa da unidade didática, encaminhamos aos alunos um questionário com duas questões: "quantos esportes nós praticamos durante a unidade didática?" e "cite alguns deles e as suas principais características". Nas respostas da primeira questão, 60% dos alunos relacionaram entre 10 e 13 modalidades das 15 que adaptamos e 40% relacionaram de 7 a 4 modalidades. Quanto às principais características dos esportes estudados, apareceram os seguintes depoimentos:

Aluno 1

"No pingue-pongue a bolinha é leve e rápida, sendo necessário rebater com precisão e boa velocidade de reação."

Aluno 2

"Do beisebol aprendi muita coisa. Não conhecia as bolas, os tacos e nunca tinha jogado um esporte de rebater."

Aluno 3

"Gostei muito do badminton. Achava que era um esporte de rico. Não sabia que era praticado no Brasil. Achei um esporte fácil de aprender e que todos podem jogar."

Aluno 4

"O pingue-pongue é muito parecido com o tênis. Eles têm as mesmas coisas. O tênis é a mesma coisa que o pingue-pongue, só muda da mesa para a quadra."

Um outro momento muito interessante foi a apresentação das pesquisas realizadas pelos grupos sobre as diferentes modalidades esportivas. Não foi um trabalho fácil de ser realizado, porque os alunos não foram "educados" para desenvolver este tipo de atividade nas aulas de Educação Física. Não foram todos os grupos que conseguiram realizar a tarefa, mas as discussões ocorridas nos dias de apresentação foram importantes para que os alunos desenvolvessem habilidades de falar e escutar, de argumentar e ser questionado, responder com pertinência ao roteiro solicitado para a pesquisa etc.

Seguem alguns exemplos das pesquisas e dos registros realizados pelos alunos.

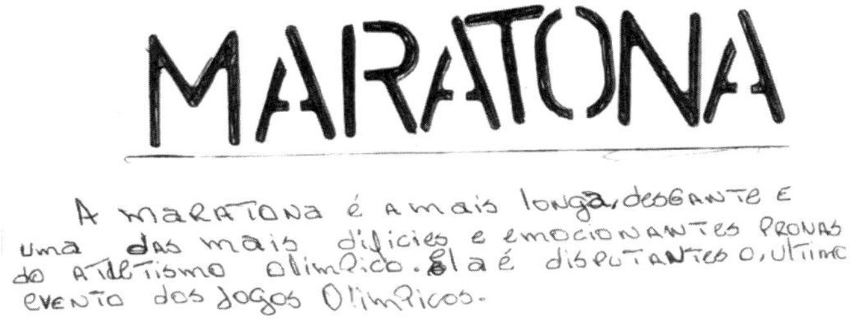

MARATONA
A maratona é a mais longa, desgante e
uma das mais dificies e emocionantes provas
do atletismo olimpico. Ela é disputantes o ultimo
evento dos jogos Olimpicos.

Foto 3.1

Tênis De mesa

Foto 3.2

Acessórios
Raquetes
Bola

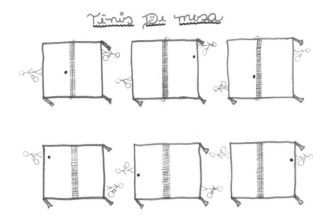

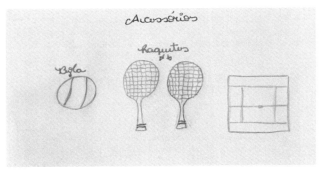

Foto 3.3

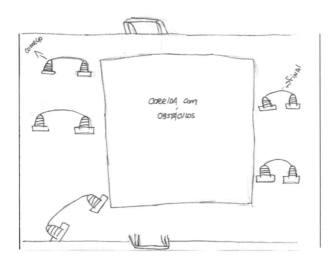

Foto 3.4

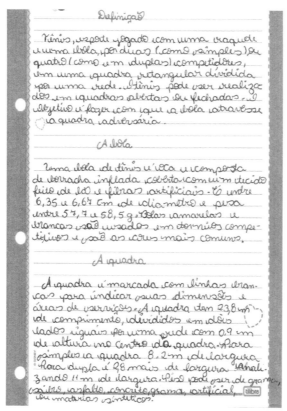

Foto 3.5

As pesquisas também ajudaram na produção e na elaboração do painel dos esportes olímpicos. O painel foi elaborado ao longo da unidade didática, sobretudo nos momentos de início das aulas, quando fazíamos as tradicionais rodas de conversa. No painel, registramos todas as informações trazidas pelo professor e pelos alunos, comparando e classificando as modalidades esportivas, de acordo com critérios, como convencionais e não convencionais, individuais e coletivas, realizadas no campo, na pista, na piscina ou outros espaços, com ou sem materiais etc.

A realização da miniolimpíada foi muito bem recebida pelos alunos. Eles se motivaram bastante e tiveram uma participação efetiva no planejamento e na realização das atividades. Foi um momento importante para observar as relações que se constituíram no grupo de alunos. Avaliamos a participação de cada um, olhando para o nível de comprometimento, as atitudes colaborativas e a qualidade da convivência entre eles. A estratégia utilizada para o planejamento do evento (formação das equipes, regulamento, tabelas, abertura e encerramento, premiação etc.) deu bastante certo. Os meninos e as meninas foram chamados a executar várias funções e puderam perceber que a participação foi além do simples jogar.

O momento mais marcante desse projeto foi a nossa ida ao Clube da Eletropaulo, onde acontece um programa de esportes náuticos, para fazer uma vivência de canoagem. Os alunos gostaram muito da atividade, que envolveu, também, a coordenação da Fundação e os pais dos meninos e das meninas. Com a realização desse estudo, muitos conteúdos "novos" apareceram e foram tematizados com os alunos. Foi uma atividade interessante e que conseguiu ensinar mais do que esporte aos alunos. Durante o estudo e nas aulas posteriores, abordamos temas como meio ambiente, destinação do lixo e cuidados com a represa; esportes náuticos e a construção e a utilização de caiaques; existência de clubes e espaços esportivos na cidade; as atitudes e as ações apropriadas para quando estivermos dentro e fora da Fundação etc.

Seguem algumas fotos da atividade realizada na Represa de Guarapiranga, extremo sul da cidade de São Paulo.

Foto 3.6

Foto 3.7

Foto 3.8

Analisando o trabalho desenvolvido nessa unidade, podemos dizer que conseguimos atingir nosso principal objetivo, que era ampliar os conhecimentos dos alunos sobre as modalidades esportivas e os jogos olímpicos. Avaliamos que alguns aspectos poderiam ser mais bem trabalhados e desenvolvidos, como o aprofundamento sobre o histórico das modalidades esportivas, a relação do esporte com o mundo, a política, a economia, a mídia etc. Algumas estratégias utilizadas durante a unidade didática também poderiam ter sido mais exploradas. A elaboração do painel dos esportes olímpicos e a realização da miniolimpíada deveriam durar mais tempo. Os alunos gostaram das ideias, mas, em alguns momentos, apressamos muito o andamento das coisas.

A experiência vivida com o estudo do meio realizado na represa foi muito importante para todos nós. A coordenação e os pais conheceram mais sobre o trabalho que desenvolvemos, e o retorno de toda a comunidade foi muito positivo.

Pretendemos retomar esta unidade no futuro, planejando um pouco melhor o gerenciamento do tempo e a duração das atividades.

Aspectos facilitadores

- Os espaços existentes na Fundação para a prática esportiva ajudaram na realização desta unidade didática. Temos espaços privilegiados que facilitaram a vivência das diferentes modalidades.
- A relação e o vínculo construídos com os alunos da comunidade ajudaram muito no trabalho. Os meninos e as meninas dificilmente faltam às aulas e estão sempre motivados para o trabalho.
- O tema e os conteúdos escolhidos foram bem pertinentes. Os alunos adoram praticar esportes e as Olimpíadas estavam presentes em todas as mídias.
- O planejamento em etapas facilitou o trabalho e a nossa organização para que a unidade didática tivesse começo, meio e fim.
- A Fundação Julita e sua coordenadora pedagógica, Isabela, contribuíram para o acontecimento da visita pedagógica ao clube ADC Eletropaulo, que acreditamos ter sido o ponto alto deste projeto.

Dificuldades apresentadas

- Gostaríamos de ter tido uma maior participação dos alunos na realização das pesquisas e na elaboração do painel dos esportes olímpicos. Os alunos não estão acostumados com essas tarefas e precisam amadurecer nesse aspecto.
- Selecionamos muitas atividades para o tempo que tínhamos disponível. Talvez fosse mais interessante trabalhar com um número menor de modalidades e aprofundar os estudos em cada uma delas.
- O estudo do meio, visita ao ADC Eletropaulo, poderia ter sido realizado mais no início da unidade. Muitos conteúdos que apareceram a partir dessa atividade foram abordados de forma superficial. Gostaríamos de ter trabalhado com alguns temas, como meio ambiente, saúde e espaços públicos para a prática esportiva de forma mais aprofundada.
- Em uma próxima oportunidade, devemos aprofundar mais nossas reflexões sobre o esporte e suas manifestações.
- Gostaríamos de ter oportunizado mais discussões e reflexões sobre o esporte olímpico e sua exploração pela mídia. Como trabalhamos em comunidades de baixa renda, precisamos fazer uma leitura mais crítica do esporte com os nossos alunos, especialmente sobre as ideias reducionistas e alienantes que defendem o esporte como uma das grandes panaceias do mundo moderno. Muitas vezes, o discurso das crianças e dos jovens reproduzem as falas da mídia de que o esporte afasta os jovens das drogas, retira as crianças da rua, ensina a ganhar e a perder, proporciona saúde, forma homens e mulheres disciplinados, oferece uma profissão às classes menos favorecidas etc.

Unidade didática 2

Local

Fundação Julita – Polo São Luiz – Zona Sul

Período de realização

Fevereiro a junho de 2008

Professores responsáveis

Eduardo Luis e Cibelle Borges

Faixa etária ou série

15 e 16 anos

Objetivo geral

Contribuir para o desenvolvimento humano e a educação por meio do esporte, conscientizando os jovens da importância da prática de atividade física e hábitos de higiene para a manutenção ou a melhora da qualidade de vida.

Tema

Saúde – Atividade física

Expectativas de aprendizagem

Dimensão conceitual

- Aprender sobre o desenvolvimento na adolescência, conhecendo as diferentes transformações fisiológicas, anatômicas, emocionais e afetivas por que passam meninos e meninas.
- Entender a relação entre a atividade física e o desenvolvimento de hábitos saudáveis e melhora da qualidade de vida.
- Conhecer e identificar as diferentes patologias relacionadas com a alimentação, drogas e a atividade física, seja pela "falta" ou pelo "excesso".
- Aprender sobre o planejamento e a prática de um programa de condicionamento físico, seus princípios e suas fases.

Dimensão procedimental

- Realizar estudos e pesquisas sobre temas relacionados à atividade física, à saúde e às doenças correlacionadas: anorexia, obesidade, bulimia, vigorexia etc.
- Participar de jogos e atividades corporais e aprender sobre os procedimentos necessários para uma prática de atividade física benéfica e saudável.
- Ampliar seu repertório de atividades físicas, conhecendo as diferentes possibilidades de utilização na prática e na realização de um programa de condicionamento físico.
- Construir materiais alternativos para a prática de atividades físicas como a ginástica e a musculação em espaços carentes de recursos.

Dimensão atitudinal

- Conscientizar-se da importância da prática de atividades físicas para a melhora ou a manutenção de seu condicionamento físico e qualidade de vida.
- Valorizar o trabalho e a convivência em grupo, respeitando os potenciais e as limitações de cada um.
- Comprometer-se com as tarefas e os trabalhos sugeridos e solicitados, cuidando para que sejam realizados com dedicação e responsabilidade.
- Sensibilizar-se para os prejuízos causados para a saúde pelo desequilíbrio entre aspectos como má alimentação, tempo de descanso e sono, uso de drogas e falta de atividade física.

Estratégias/atividades: desenvolvimento da unidade didática

1ª etapa

- Apresentação pelo professor da sequência didática para os alunos, explicitando as expectativas de aprendizagem e apresentando aonde se quer chegar.
- Realização de um mapeamento/diagnóstico sobre o conhecimento que os jovens possuem sobre os temas atividade física, condicionamento físico, treinamento, doenças e patologias relacionadas à alimentação, às drogas, ao excesso de treinamento etc.
- Levantamento das expectativas e dos interesses dos alunos a partir das seguintes perguntas: vocês gostam de fazer atividade física? Quais? Quando fazem? Qual a relação da atividade física com a saúde? Quais as doenças relacionadas com a falta ou o excesso de atividade física? Qual a relação da atividade física com a alimentação, as drogas etc.? Quais atividades podemos praticar durante as aulas?

- Levantamento de atividades e vivências (jogos, práticas, danças, ginásticas etc.) de interesse dos alunos para a realização da unidade didática.
- Divisão da turma em grupos para a pesquisa e a apresentação aos colegas dos temas selecionados na unidade didática.
- Avaliação inicial por meio de observação e registro com base em dois indicadores:
    - O aluno transfere o conhecimento teórico estudado para as atividades práticas realizadas nas aulas?
    - O aluno demonstra interesse e motivação pela prática de atividade física durante as aulas?

2ª etapa

- Realização de jogos e atividades selecionados em conjunto com os alunos (resgate, futebol sem bola e B.V. saco).
- Levantamento e classificação de habilidades e capacidades presentes nas diferentes atividades.
- Estudo dos princípios e das fases de um programa de condicionamento físico: frequência, intensidade, fonte energética, avaliação etc.
- Construção de material alternativo para as aulas de ginástica e musculação (pesos, cordas, colchões etc.).
- Realização de atividades e "treinamentos" aeróbicos (corridas, *afromix* e ginástica) e anaeróbicos (ginástica localizada e corridas de velocidade).
- Acompanhamento e auxílio aos grupos para a realização (levantamento de dados, estudos e registros) da pesquisa sobre os temas: bulimia, anorexia, vigorexia e corpo humano.
- Avaliação reguladora por meio de questionário com perguntas relacionadas às expectativas de aprendizagem sugeridas para a unidade didática.

3ª etapa

- Apresentações das pesquisas e discussões sobre os temas apresentados com todo o grupo.
- Realização dos jogos e das atividades selecionados em conjunto com os alunos (fut-hand-voleibol e futebol cabeça).
- Realização de atividades e "treinamentos" aeróbicos (corridas, *afromix* e ginástica) e anaeróbicos (ginástica localizada e corridas de velocidade).
- Realização das aulas de musculação com o material construído pelos alunos.
- Análise e debate sobre os filmes *Coach Carter* e *Escritores da Liberdade* e aspectos como treinamento, competição e relacionamento interpessoal.

4ª etapa

- Realização dos jogos e das atividades selecionados em conjunto com os alunos (futpasse e bola ao cesto).
- Realização de atividades e "treinamentos" aeróbicos (corridas, *afromix* e ginástica) e anaeróbicos (ginástica localizada e corridas de velocidade).
- Realização das aulas de musculação com o material construído pelos alunos.
- Planejamento e elaboração de um jornal com pautas como a atividade física e seus benefícios e a prevenção e o tratamento de doenças como a bulimia, a anorexia e a vigorexia.
- Construção de um painel da atividade física com fotos, desenhos e registros sobre as atividades realizadas e sua classificação em aeróbicas e anaeróbicas.
- Avaliação final com base nos registros realizados e o questionário aplicado na 1ª etapa (avaliação inicial) da unidade didática.

Indicadores e instrumentos de avaliação

Indicador	Instrumento
Número de aulas/sessões realizadas.	Unidade didática.
Número de alunos participantes em cada aula.	Lista de frequência.
Número de jogos e atividades realizadas.	Ficha de registro de jogos e atividades realizadas e Painel da Atividade Física.
Número de materiais alternativos construídos.	Ficha de registro de materiais alternativos construídos e painel da atividade física.
Qualidade das pesquisas e dos trabalhos apresentados (conteúdo e pertinência) pelos alunos; Aprendizado do conteúdo estudado pelos alunos: conseguem transferir os conhecimentos teóricos para as atividades práticas do dia a dia das aulas? Nível de motivação e interesse demonstrados pelos alunos durante a realização da unidade didática.	Diário de bordo do professor (caderno de registros); questionário com perguntas sobre os conteúdos estudados; painel da atividade física; jornal elaborado pelos alunos; ficha de avaliação preenchida pelo professor no início e no final da unidade didática (conforme modelo).

Modelo de ficha de avaliação

Instrumento de avaliação inicial e final					
Metacognição			Aluno 1	Aluno 2	Aluno 3
Transfere os fundamentos teóricos para a prática de atividades	Inicial				
	Final				
Valorização			Aluno 1	Aluno 2	Aluno 3
Demonstra motivação na prática das atividades	Inicial				
	Final				

Resultados

Participaram do projeto 24 alunos e alunas matriculados no Grupo de Qualificação Profissional da Fundação Julita.

A Fundação Julita sedia um Núcleo Esportivo Sócio-Educativo do Instituto Esporte & Educação que é vinculado ao Polo do Jardim São Luiz, Zona Sul da cidade de São Paulo.

A unidade didática foi realizada durante 16 aulas, com periodicidade de um encontro por semana.

No mapeamento realizado no início da unidade – avaliação diagnóstica –, observamos que os jovens pouco conheciam sobre os benefícios da atividade física para a manutenção de uma boa qualidade de vida. O conhecimento era superficial, muito em virtude daquilo que é veiculado pela mídia. Alguns jovens já praticavam alguma atividade física, de forma não sistemática, em espaços como escola, quadras e espaços da comunidade e a própria Fundação Julita. Chamou-nos a atenção a falta de motivação de alguns jovens para a prática de jogos ou atividades físicas. Os meninos e as meninas não faziam uma avaliação positiva das aulas de Educação Física na escola e, em razão das suas características físicas e emocionais, não tinham o costume de participarem juntos de atividades corporais.

Durante a realização do projeto, a motivação dos jovens foi aumentando e a participação nas atividades melhorou muito. A estratégia de utilizar jogos e atividades selecionados em conjunto com os alunos foi importante. Eles se sentiram mais "respeitados" em suas necessidades e interesses.

Um momento marcante na realização do projeto foi a apresentação das pesquisas realizadas pelos grupos sobre os temas bulimia, anorexia e vigorexia. Os jovens envolveram-se bastante com o trabalho e produziram relatos muito interessantes. Surgiram questões interessantes, como colegas que vivem com essas "patologias", a dificuldade de conversar com os pais sobre esses temas, a falta de consciência e conhecimento etc.

As aulas de ginástica, musculação e dança foram bem aceitas e contribuíram para que os meninos e as meninas aprendessem mais sobre condicionamento físico e seus subtemas, como métodos e princípios do treinamento, gasto energético, atividade física e alimentação etc.

Os debates realizados após a projeção dos filmes *Coach Carter* e *Escritores da Liberdade* foram importantes para a realização de um debate sobre aspectos relacionados ao esporte, à competição e às relações interpessoais.

Finalizamos a unidade didática com os alunos convivendo melhor em grupo e participando das atividades mais juntos e integrados.

A avaliação final mostrou que todos os jovens evoluíram nos indicadores, sobretudo no que se refere à motivação e ao interesse pela prática de atividades físicas. Não conseguimos avaliar o quanto meninos e meninas modificaram a sua rotina de vida fora da Fundação Julita, porém o comportamento demonstrado durante a realização do projeto, conforme mostra a planilha a seguir (recorte da planilha original), permite-nos dizer que boas e importantes aprendizagens se efetivaram.

Práticas pedagógicas reflexivas em esporte educacional

Legenda
1 - Nunca
2 - Quase nunca
3 - Às vezes
4 - Quase sempre
5 - Sempre

		Juliana	Fernanda	Mayra	Adriana	Jonathan	Yasmin	Victor	Max	Jennifer
Metacognição										
Transfere os fundamentos teóricos para a prática de atividades	Inicial	4	3	2	4	1	1	3	4	2
	Final	5	4	3	5	3	3	4	5	4
Valorização										
Demonstra motivação na prática das atividades	Inicial	4	4	2	3	1	2	3	4	2
	Final	5	4	3	5	3	4	4	5	4

		Regina	Jéssica N.	Letícia	Meiriane	Gabriela	Daniela	Geisa	Jessé	Tatiane
Metacognição										
Transfere os fundamentos teóricos para a prática de atividades	Inicial	2	1	2	3	1	2	3	3	2
	Final	3	3	3	5	3	3	5	5	3
Valorização										
Demosntra motivação na prática das atividades	Inicial	2	2	1	4	2	2	3	3	4
	Final	3	3	3	5	3	3	5	5	4

Aspectos facilitadores

A responsabilidade e o comprometimento dos alunos foram importantes para que o trabalho pudesse ser realizado. Durante as aulas, a participação, a motivação, independentemente da atividade praticada, o entendimento da metodologia e o apoio da coordenação pedagógica ajudaram muito para que a unidade pudesse ter começo, meio e fim.

As estratégias utilizadas facilitaram a nossa relação com os alunos, principalmente os jogos e as atividades de ginástica, musculação e dança.

A organização e o planejamento prévio das aulas foram muito importantes. Os meninos e as meninas perceberam que as aulas eram pensadas pelo professor com antecedência, e isso ajudou muito na administração e gerenciamento do tempo.

Dificuldades apresentadas

O tema de estudo proposto nesta unidade não é tratado pela sociedade (família, escola etc.) com a frequência e a atenção que merece. Os meninos e as meninas acharam estranho um professor de Educação Física abordar esses assuntos na sua aula. Diziam que nunca tinham visto esse conteúdo e que os momentos de aula deveriam servir para "bater" uma bola, e não estudar.

Foi difícil, principalmente no início do projeto, fazer que os jovens percebessem que os conflitos, as discussões e o diálogo durante as atividades e na roda de conversa faziam parte de uma metodologia que pretende ser dialógica e educar para a reflexão e a autonomia. Várias vezes, eles solicitavam uma postura mais diretiva da nossa parte, dizendo que na escola o professor é quem toma as decisões e decide o que deve ser feito.

Unidade didática 3

Local

SESC Tijuca – Rio de Janeiro

Período de realização

Maio e junho de 2008 (27.5.2008 a 25.6.2008)

Professores responsáveis

Lívia Resende e Leandro T. Brito

Faixa etária ou série

13 e 14 anos
15 e 16 anos

Objetivo geral

Conscientizar sobre a importância da atividade física e dos hábitos de higiene e saúde para melhor manutenção e qualidade de vida.

Tema

Saúde – sexualidade e doenças sexualmente transmissíveis

Expectativas de aprendizagem

Dimensão conceitual

- Conhecer e compreender as doenças sexualmente transmissíveis e os métodos de prevenção.
- Ampliar o conhecimento sobre a sexualidade a partir de questões significativas e relativas ao contexto em que vivem.

Dimensão procedimental

- Identificar as dúvidas sobre as doenças sexualmente transmissíveis e sobre os métodos de prevenção.
- Formular questões em torno da sexualidade.
- Identificar os conhecimentos adquiridos sobre o tema.
- Participar ativamente nas atividades propostas: escuta ativa durante as palestras; elaborar e escrever questões para a caixa de sugestão; falar e escutar nas rodas de conversa. elaborar questionário etc.

Dimensão atitudinal

- Valorizar o debate como forma de adquirir conhecimento.
- Valorizar e respeitar as dúvidas dos colegas.
- Respeitar a diversidade de opiniões em torno da sexualidade.
- Valorizar o conhecimento como forma de prevenção às doenças sexualmente transmissíveis.
- Superar a timidez para abordar o tema (expor ideias e opinar) em grupo.

Estratégias/atividades: desenvolvimento da unidade didática

- Avaliação diagnóstica a partir das caixas de sugestões dos alunos com temas para as palestras.
- Na aula seguinte, abordagem de alguns temas nas rodas de conversa, no início da aula de voleibol, com a abertura para esclarecimentos das questões que apareceram nas caixas de sugestões e identificação de outras questões, na medida que o grupo foi ficando mais à vontade para falar sobre a sexualidade.
- Palestra para meninas e meninos juntos conforme as caixas de sugestões e discussões nas rodas de conversa.
- Durante quatro aulas seguintes foram abordados os temas nas rodas de conversa no início das aulas de voleibol e ampliadas as discussões sobre os temas; identificação de novas questões tanto femininas quanto masculinas, o que sugeriu palestras específicas.
- Palestra sobre as questões masculinas, abordando assuntos mais específicos para os meninos.
- Palestra sobre as questões femininas, abordando assuntos mais específicos para as meninas.
- Aplicação do questionário de avaliação após cada palestra (masculina e feminina).

Indicadores e instrumentos de avaliação

Indicadores	Instrumentos
% de dúvidas sobre o tema.	Caixa de sugestão.
% de alunos que afirmaram ter adquirido novos conhecimentos depois da UD.	Questionário de avaliação.
% de alunos participantes na palestra e nas atividades.	Lista de chamada.
Qualidade da palestra – escala: ótima, boa, regular, fraca ou ruim.	Questionário de avaliação.
Mudança de comportamento (respeito às dúvidas dos colegas e às diferentes opiniões e superação da timidez para abordar temas relacionados à sexualidade). Qualidade da participação dos alunos na roda de conversa e durante a palestra: aprofundamento das questões. Capacidade de apresentar as questões com clareza. Disponibilidade para ouvir a questão do outro.	Observação e registro em diário.

Resultados

Esta sequência didática foi desenvolvida com duas turmas mistas, uma com alunos de 13 e 14 anos e outra com alunos de 15 e 16 anos, que participaram do Projeto Rexona AdeS, desenvolvido no SESC Tijuca, localizado no Rio de Janeiro.

As aulas aconteceram no final de maio até o final de junho de 2008, com dois encontros semanais. Durante esse período, nas rodas de conversa do início das aulas de voleibol, os professores trabalharam com o tema da sexualidade, iniciando estímulo à reflexão e ao levantamento de dúvidas em torno das doenças sexualmente transmissíveis e das formas de prevenção. Essa estratégia inicial propositalmente partiu de doenças sexualmente transmissíveis por se tratar de um assunto comum, facilitando a entrada dos alunos no tema, favorecendo que verbalizassem e registrassem por escrito suas principais dúvidas.

As dúvidas mais frequentes que surgiram nas caixas de sugestões para a palestra foram:

- 32%: corpo (menstruação, masturbação etc.).
- 32%: ato sexual (primeira vez, sexo anal etc.).
- 20%: doenças.
- 8%: vida pessoal (filho e namorado).
- 8%: gravidez.
- 2 papéis com desenhos e "palavrões": todos os alunos participaram de pelo menos uma palestra e preencheram os questionários e incluíram sugestões na caixa.

No questionário de satisfação, os alunos avaliaram a palestra:

- 73%: ótima.
- 27%: boa.
- 0%: fraca ou ruim.

Quando questionados sobre o aprendizado (aprendeu algo novo, que não sabia?):

- 76%: sim.
- 24%: não.

Alguns depoimentos sobre os aprendizados com as palestras e roda de conversa:

"Que a menina também tem que ter prazer."
"Aprendi coisas sobre o homem que eu não sabia."
"As doenças transmissíveis."

Quanto à observação, registramos uma mudança de comportamento da primeira palestra para as outras, pois os alunos pediam seriedade dos colegas sem o professor interferir; quando o assunto era sexualidade nas rodas de conversa, os alunos opinavam com mais autonomia.

A parceria com o setor de saúde do SESC possibilitou o desenvolvimento das palestras sobre sexualidade com a estagiária de enfermagem da unidade, Ana Carolina Borges Ribeiro Nogueira. O fato de os alunos não conhecerem a palestrante aparentemente facilitou e estimulou a vontade para conversarem e falarem sobre os assuntos pessoais.

A caixa de sugestão foi outro elemento importante no processo, na qual os alunos depositaram as dúvidas e sugestões para as palestras, sem ter necessidade de se identificar, possibilitando maior liberdade para as perguntas.

Os professores perceberam que, na avaliação final, os alunos já identificavam outros assuntos como um aprendizado novo. Uma dificuldade encontrada pelos professores e o grupo foi com relação à maturidade dos alunos de 13 anos, que participavam da palestra junto com os de 15 anos (principalmente com os meninos).

3 – Unidades didáticas: relatos de experiências

85

Foto 3.9

Foto 3.10

Unidade didática 4

Local

Núcleo Indaiatuba – Polo Interior – São Paulo

Período de realização

Março a abril de 2008

Professor responsável

Luciana Clélia de Moura

Faixa etária ou série

7 e 8 anos

Objetivo geral

Conscientizar-se da importância da prática da atividade física e dos hábitos de higiene para a melhora e a manutenção da qualidade de vida.

Tema

Saúde – Higiene pessoal

Expectativas de aprendizagem

Dimensão conceitual

- Compreender o conceito de higiene e sua relação com a saúde pessoal e familiar.
- Aprender sobre as noções básicas de higiene pessoal e a importância de estarmos sempre limpos e saudáveis.
- Conscientizar-se da importância de adotar procedimentos e hábitos de higiene pessoal.

Dimensão procedimental

- Realizar sua higiene pessoal de forma independente, sem necessidade de ajuda dos adultos.

Dimensão atitudinal

- Adotar hábitos de higiene pessoal para a manutenção da saúde e a boa convivência em grupo.
- Compartilhar com o grupo e os familiares os aprendizados construídos nas aulas.

Estratégias/atividades: desenvolvimento da unidade didática

1ª etapa

- Rodas de conversa para a apresentação do projeto às crianças e o esclarecimento das expectativas de aprendizagem;
- Avaliação diagnóstica com as crianças e seus pais sobre o nível de consciência familiar a respeito dos hábitos de higiene e saúde pessoal.

Envio às famílias da *Tabela de Higiene Pessoal*. Trata-se de uma tabela para o acompanhamento familiar da rotina semanal das crianças no que se refere à adoção dos hábitos saudáveis de higiene pessoal. Essa avaliação inicial pretende diagnosticar o quanto as crianças realizam sozinhas sua rotina de higiene, como escovar os dentes, lavar as mãos, tomar banho, pentear os cabelos, cortar as unhas etc.
- Encaminhamento de uma pesquisa com os alunos sobre os hábitos de higiene para uma vida saudável, sugerindo que fossem realizadas em revistas, jornais, história em quadrinhos, livros etc.

2ª etapa

- Recolhimento das Tabelas de Higiene Pessoal e tabulação dos dados em conjunto com os alunos.
- Identificação dos procedimentos já incorporados na rotina e aqueles que precisam ser mais bem trabalhados na rotina do dia a dia.
- Iniciação da confecção do Painel da Higiene, listando todas as ações que compõem a rotina diária de higiene.
- Entrega às crianças de uma segunda Tabela de Higiene Pessoal para preenchimento dos alunos e posterior comparação com a primeira tabela.

3ª etapa

- Realização de uma palestra com um Agente de Saúde para a comunidade com o tema *Higiene Pessoal*.
- Construção em conjunto com as crianças de uma *Cartilha da Higiene* em forma de passatempo, com os conhecimentos e as aprendizagens adquiridas nas etapas anteriores da unidade didática.
- Finalização do Painel da Higiene Pessoal.

4ª etapa

- Comparação das Tabelas de Higiene Pessoal avaliando a evolução ou não das crianças nas expectativas de aprendizagem.
- Preenchimento da Cartilha de Higiene, fotocópia e entrega para outras crianças de outras turmas do núcleo ou da comunidade.
- Organização de um grupo de alunos para disseminar o conhecimento adquirido em outros espaços da comunidade, como escolas, centros de convivência etc.

Indicadores e instrumentos de avaliação

Indicadores	Instrumentos
Número de alunos presentes nas aulas e nas atividades.	Listas de chamada/frequência.
Número de Tabelas de Higiene entregues e devolvidas.	Tabelas de Higiene e registro em diário.
Número de crianças, pais ou responsáveis presentes na palestra.	Lista de presença.
Qualidade da Palestra. Retorno dos alunos e de seus familiares.	Ficha de avaliação da palestra e depoimento dos alunos.
Qualidade da Cartilha da Higiene elaborada pelos alunos em conjunto com a professora.	Cartilha de Higiene.
Qualidade do Painel da Higiene na sua forma e no seu conteúdo. Qualidade das pesquisas realizadas pelos alunos (pertinência e relevância dos conteúdos apresentados). Participação dos alunos nos trabalhos.	Planos de aula e diário de bordo do professor.
Mudanças na rotina das crianças e incorporação dos aprendizados adquiridos durante o projeto (comparação da tabela pré-1 com tabela pós-2).	Tabelas de Higiene.

Resultados

O Projeto de Higiene Pessoal foi desenvolvido no Núcleo de Indaiatuba, entre março e abril de 2008. Foram 18 aulas aplicadas para 42 crianças, divididas em dois grupos, na faixa etária de 7 e 8 anos, todas matriculadas no Centro Rexona/AdeS Esporte Cidadão. O Núcleo de Indaiatuba funciona dentro da Unidade do SESI, a partir de uma parceria com o Instituto Esporte & Educação, e atende a 250 crianças e jovens de 6 a 16 anos.

No sentido de engajar as famílias no Projeto, solicitamos no início da unidade que os pais nos enviassem algumas informações sobre os hábitos de higiene de seus filhos. Utilizamos como estratégia o envio de uma Tabela de Higiene Pessoal, que foi preenchida em casa pelas famílias durante uma semana. Tivemos um retorno de 21 famílias, totalizando 50% de aderência à atividade proposta. Segue uma cópia da tabela entregue aos alunos e uma foto de uma tabela preenchida.

Srs. pais e alunos:

Nos meses de março e abril estaremos trabalhando com os alunos sobre Higiene Pessoal; o nosso objetivo é contribuir na conscientização e informar aos alunos sobre os cuidados e doenças que a falta do mesmo pode acarretar. Para que nosso trabalho possa ser completo, precisamos de sua ajuda. Gostaríamos que vocês preenchessem este cartão por uma semana nos informando quais são os hábitos de higiene que o seu filho realiza sozinho, para que, então, possamos discutir sobre os cuidados necessários. Contamos com sua colaboração e qualquer dúvida entre em contato. Profs. Luciana, Assef e Éder.

Obs.: O nosso objetivo não é, de forma nenhuma, educar seus filhos no seu lugar, mas poder contribuir com informações sobre saúde.

Tabela de higiene pessoal

Dias	Data	Descrição dos hábitos de higiene
Segunda	31/03	
Terça	01/04	
Quarta	02/02	
Quinta	03/04	
Sexta	04/04	
Sábado	05/04	
Domingo	06/04	

Exemplos de cuidados: escovar os dentes, pentear os cabelos, tomar banho, lavar as mãos, cortar as unhas etc.

Ao final dos dois meses, faremos uma comparação para identificar se houve ou não a conscientização dos alunos em relação à higiene pessoal.

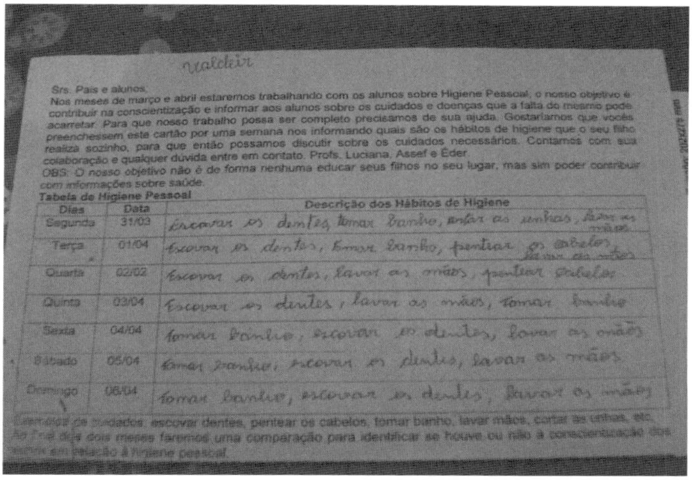

Foto 3.11

Na coleta e interpretação dos dados, encontramos as ações realizadas pelas crianças na sua rotina diária de higiene: escovar os dentes, pentear os cabelos, tomar banho, lavar as mãos, limpar o tênis, passar fio dental, cortar as unhas, limpar os ouvidos, lavar as frutas antes de comer etc. Com o uso desse material, elaboramos o *Painel da Higiene*, que serviu de base para a seleção de uma lista com os principais hábitos de higiene a serem incorporados pelas crianças na sua rotina.

Durante as aulas, também solicitamos uma pesquisa aos alunos sobre a higiene pessoal. Perguntas como: o que é higiene? Por que é importante realizá-la? Quando devemos realizar os procedimentos de higiene? O que precisamos para realizá-los? Quem pode nos ajudar nesse aprendizado?. Os alunos apresentaram aproximadamente 30 pesquisas com conteúdos teóricos e jogos, o que representou 75% do total de alunos inscritos nas duas turmas.

Consideramos que as crianças puderam aprender mais sobre o tema. A Foto 3.12 ilustra o trabalho realizado com o Painel da Higiene.

Foto 3.12

O material trazido pelos alunos nas pesquisas apresentou uma boa qualidade. Decidimos, então, com jogos, cruzadinhas, desenhos para colorir, labirinto e jogo da memória, abordarmos temas relacionados à higiene, elaborando uma *Cartilha da Higiene* no formato de passatempo. A cartilha foi produzida pela professora, com base nas informações e nos jogos trazidos pelas crianças. Foi formatada em vinte páginas, com conteúdos sobre a definição de higiene pessoal, a importância da higiene para a saúde, os cuidados necessários na rotina diária etc. Em forma de passatempo e curiosidades, todos os alunos receberam um exemplar e foram convidados a preencher e brincar com as atividades sugeridas. Veja a seguir alguns conteúdos presentes na Cartilha da Higiene.

Cartilha da Higiene Pessoal

Passatempo

Higiene Pessoal

É a prática do uso constante de elementos ou atos que causam benefício para os seres humanos. Em seu sentido mais comum, podemos dizer que é a limpeza do nosso corpo.

Mais amplos são os hábitos e condutas que nos auxiliam a prevenir doenças e manter a saúde e o nosso bem-estar, inclusive o coletivo.

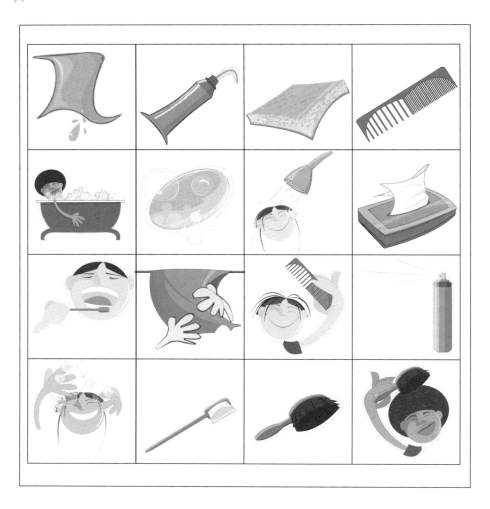

Qual a sua importância?

Caça-palavras

1. Tesoura
2. Fio dental
3. Sabonete
4. Escova de dente
5. Água
6. Xampu
7. Pente
8. Cortador de unha

P	V	S	T	K	F	S	A	B	O	N	E	T	E	I	J	W	F
E	M	T	V	M	P	K	S	O	A	R	X	Z	Y	K	B	J	I
N	S	L	E	S	C	O	V	A	D	E	D	E	N	T	E	S	O
T	K	V	H	S	F	A	D	C	O	T	W	X	G	M	R	U	D
E	L	B	A	F	O	J	S	T	Q	K	X	W	E	C	B	D	E
N	F	G	I	J	N	U	P	Q	Z	P	H	L	R	K	T	R	N
S	V	I	K	Q	S	M	R	P	W	R	A	E	U	N	P	H	T
P	O	S	J	K	Q	R	M	A	P	Y	D	U	R	F	G	X	A
C	O	R	T	A	D	O	R	D	E	U	N	H	A	S	C	A	L
Q	P	S	V	T	Q	A	C	F	I	M	Q	Z	B	W	C	M	S
A	G	U	A	N	S	J	P	R	B	K	M	P	C	K	Q	P	B
M	V	K	Q	B	A	G	F	J	E	O	W	X	L	M	R	U	I

Desembaralhe as palavras abaixo:

btmranhoar _____

asmlsvaoãra _____

dvocnseostaerse _____

Curiosidades

Você sabia?

- Que devemos lavar as mãos após:
    - Utilizar o banheiro.
    - Tossir ou espirrar.
    - Usar vassouras, panos e materiais de limpeza.
    - Pegar em dinheiro.
    - Recolher lixo.
- Que devemos escovar os dentes pela manhã, após as refeições e antes de dormir?
- Que devemos tomar banho diariamente e utilizar sabonete neutro?
- Que existem muitas doenças relativas à falta de higiene?
    - Micose – causada por fungos.
    - Larva geográfica – encontrada nas fezes de cães e gatos.
    - Parasitas – piolho.
    - Pé-de-atleta – coceira, que se manifesta entre os dedos até a planta do pé.
- Que não devemos utilizar objetos de outras pessoas (roupas, toalhas, calçado, escova, pentes etc.).
- Que não devemos andar descalços em virtude das bactérias existentes.

Em uma das etapas da unidade didática, realizamos uma palestra para os alunos e seus familiares sobre o tema em estudo. O encontro aconteceu em um dia de aula e foi coordenado por uma agente de saúde da Prefeitura da cidade. A palestra teve uma hora de duração, aproximadamente, e, conforme a Foto 3.13, contou com a presença das crianças, de seus pais ou responsáveis.

Foto 3.13

Ao final da palestra, os pais deram seus depoimentos sobre o que foi apresentado, valorizando e legitimando positivamente a ação realizada.

"Gostei da palestra, acho que devemos realizar mais ações como esta. São boas e nos alertam muito." Fabíola – mãe da Camila – Turma 01

"Adorei a palestra! Acho de muita importância, pois reforça a educação que 'damos' em casa." Tatiane – mãe da Giovana – Turma 05

"Achei muito importante, pois vai ajudar muito na educação da minha neta." Maria – avó da Amanda – Turma 01

Ficamos muito contentes com os resultados do Projeto. Conseguimos colocar em prática o princípio de ensinar mais do que esporte para as crianças. Nos dias das aulas, os alunos nos procuravam dizendo: "Professora, eu hoje estou com os cabelos presos... É mais higiênico fazer aula assim!"; "Luciana, olha o meu uniforme do Rexona... Minha mãe lavou a camiseta ontem!"; "Hoje, depois da aula, assim que chegar em casa, vou tomar banho antes da lição e da janta"; "Eu pedi para o meu pai me ajudar a lavar o tênis... Ele estava sujo de barro!"; "Amanhã vou com a minha mãe na cabeleireira... Vou cortar o cabelo!" etc. Foi muito interessante ver os alunos motivados com o tema e a mobilização das famílias. Percebemos, durante o Projeto, os alunos mais atentos e conscientes quanto à necessidade de adotar bons hábitos de higiene pessoal.

Aspectos facilitadores

- A participação dos pais no projeto. Eles superaram as nossas expectativas. Acompanharam as atividades e ajudaram no "monitoramento" das atividades em casa.
- A participação dos alunos na realização da pesquisa sobre higiene. Eles são pequenos e muitos estão aprendendo a ler e escrever com mais fluência. Ficamos surpresos com o número de alunos que realizou a pesquisa e com o conteúdo apresentado.
- A contribuição da Prefeitura, enviando uma palestrante para falar sobre o tema. O processo de solicitação e aprovação foi rápido e a Agente de Saúde que ministrou a palestra foi muito educada e disponível.
- As estratégias utilizadas deram certo e os alunos gostaram muito das atividades realizadas, principalmente brincar com a Cartilha da Higiene.

Dificuldades apresentadas

- A unidade começou com um pouco de atraso em relação ao tempo que planejamos no início do ano.
- Ainda é um desafio para nós gerenciar o tempo de aula na quadra e o tempo de trabalho com os temas relacionados à saúde, ao meio ambiente etc. Estamos amadurecendo a cada dia e já conseguimos fazer boas relações entre esses temas e o esporte.

- Em uma próxima unidade didática, pretendemos trabalhar o tema da higiene com o da hidratação, aproveitando mais a rotina de aula no núcleo. É difícil monitorar os alunos nas suas residências. Assim, podemos valorizar mais os momentos das aulas, como beber água, usar banheiros, usar uniforme, limpar espaços, utilizar calçado adequado, prender cabelos etc.

Unidade didática 5

Local

EMEF Francisco Meireles – Núcleo Heliópolis

Período de realização

2 de abril de 2008 a 9 de maio de 2008 – 11 aulas

Professor responsável

Luiz Gonzaga Junior

Faixa etária ou série

9 e 10 anos

Objetivo geral

Contribuir para a formação do jovem como cidadão crítico, participante e transformador de sua realidade.

Tema

Cidadania – Direitos e deveres

Expectativas de aprendizagem

Conceitual

Reconhecer e diferenciar os conceitos de regras, normas, sanções e estatuto.

Procedimental

Construir o estatuto de normas de convivência.

Atitudinal

Participar da construção do estatuto e do painel de regras, normas e sanções e respeitar as regras dos jogos e as normas da aula e da escola.

Estratégias/atividades: desenvolvimento da unidade didática

Avaliação inicial

Jogo de regras e roda de conversa para diagnosticar conhecimentos prévios. Jogos que exigiam respeito às regras, construção de normas e possíveis sanções.

Apresentação da proposta do painel aos alunos

Painel utilizado para a construção do estatuto, no qual os alunos escreveram, de acordo com os acontecimentos da aula, quais eram as regras, as normas e as sanções.

Vivências de jogos de regras

Jogos que exigiam respeito às regras, construção de normas e possíveis sanções. Criação de conflitos entre os alunos e geração de situações-problema para a resolução dos alunos e registros no painel, após reflexão, sobre as normas, as regras e as sanções necessárias para a boa realização dos jogos e aula praticados em todas as aulas da unidade didática.

Início da construção do painel

Apresentação, pelos professores, da definição e dos conceitos de *norma*.

Realização de *feedback* do painel

Após análise feita pelos professores, refletíamos juntamente com os alunos sobre as indicações das normas das aulas e concluíamos quais eram vigentes nas aulas da turma.

Discussão entre professor e alunos para a diferenciação e conceito de regras

Continuação da construção do painel

Elaboração de painel de papel com os alunos fixando filipetas com as "regras" dos jogos e das aulas nos quadros correspondentes.

Realização de feedback do painel

Após análise feita pelos professores, refletíamos juntamente com os alunos sobre as indicações das regras dos jogos e das aulas e concluíamos quais eram vigentes nas aulas da turma.

Conceituação de sanções

O professor apresentou aos alunos o conceito de sanções e solicitou--lhes a exemplificação de sanções já recebidas.

Continuação da construção do painel

Realização de feedback do painel

Após análise feita pelos professores, demos retorno aos alunos sobre as indicações das sanções.

Descrever o conceito de estatuto

Relatamos aos alunos o conceito e exemplos de estatutos.

Produção discente do estatuto das aulas

Com base nas informações registradas no painel durante a realização da unidade didática, os alunos planejaram o estatuto das aulas do Programa Rexona AdeS de Esporte Cidadão na escola. Esse estatuto ficou exposto para que a escola pudesse conhecê-lo.

Indicadores e instrumentos de avaliação

Indicadores	Instrumentos
Conceitual Número de normas, regras e sanções fixadas no painel corretamente. Número de normas, regras e sanções fixadas no painel pelos alunos.	Painel elaborado pelos alunos.
Procedimental Qualidade do estatuto de normas de convivência quanto a possibilitar a organização e a realização das aulas, respeitando os valores universais de justiça, liberdade, igualdade e não à violência. Regras e sanções construídas. Participação dos alunos nas discussões para a construção do estatuto.	Estatuto construído pelos alunos. Observação e registro no diário de bordo do professor.
Atitudinal Quantidade de vezes que respeitaram as regras dos jogos e as normas da aula e da escola.	Matriz de observação do professor, filmagem e registro das aulas.

Resultados

Conceitual: no início da unidade didática, os alunos confundiam normas com regras e sanções, fixando equivocadamente regras dos jogos no quadro de normas do painel. Durante o desenvolvimento das aulas e a compreensão dos conceitos, os alunos foram alterando para o quadro correto as normas, as regras e as sanções.

Procedimental: a construção democrática do painel e do estatuto favoreceram a participação maciça e reflexiva dos alunos e, assim, o estatuto criado passou a normalizar as aulas, com o comprometimento dos alunos em seguir as normas e as regras, já que o que fora estabelecido havia sido construído coletivamente.

Atitudinal: 1. Respeito às normas do jogo; 2. Respeito às normas da aula; 3. Respeito às normas da escola.

Critérios de Avaliação
1. Nunca

2. Quase nunca
3. Às vezes
4. Quase sempre
5. Sempre

Avaliação inicial

	Nome	Respeito às normas do jogo	Respeito às normas da aula	Respeito às normas da escola
1	Paulo Ricardo Silva Santos	2	4	4
2	Kauane Alves Lima	2	2	2
3	Richard dos Santos Navario	2	2	2
4	Bruna Gomes dos Santos	2	3	3
5	Isabelli Rayane A. S. França	3	3	3
6	Bruna Lemos Emiliano Pereira	2	2	2
7	Willian Vasconcelos Lasso	4	4	3
8	Priscila Almeida Souza	3	3	3
9	Vinicius Matheus da Silva	2	3	2
10	Larissa de Jesus	3	3	3
11	Rodrigo Matheus de Oliveira	2	2	1
12	Vitor Pedro de Oliveira	2	2	2
13	João Vitor da Silva Gomes	2	2	2
14	Liberato Mattos Santos Jr.	1	2	2
15	Mariana da Silva Barbosa	2	2	2
16	Camila Vieira Rocalsqui	2	2	2
17	Danilo da Silva Marcelino	1	1	1
18	Kesley Alves Lima	2	2	2
19	Igor Soares de Andrade	2	2	2

Avaliação final

	Nome	Respeito às normas do jogo	Respeito às normas da aula	Respeito às normas da escola
1	Paulo Ricardo Silva Santos	3	4	4
2	Kauane Alves Lima	3	3	3
3	Richard dos Santos Navario	2	3	3
4	Bruna Gomes dos Santos	3	3	3
5	Isabelli Rayane A. S. França	4	3	3
6	Bruna Lemos Emiliano Pereir	3	3	3
7	Willian Vasconcelos Lasso	4	4	4
8	Priscila Almeida Souza	4	3	3
9	Vinicius Matheus da Silva	3	3	2
10	Larissa de Jesus	4	4	4
11	Rodrigo Matheus de Oliveira	2	3	1
12	Vitor Pedro de Oliveira	3	3	3
13	João Vitor da Silva Gomes	3	3	3
14	Liberato Mattos Santos Jr.	2	2	2
15	Mariana da Silva Barbosa	3	3	2
16	Camila Vieira Rocalsqui	3	3	3
17	Danilo da Silva Marcelino	2	2	1
18	Kesley Alves Lima	3	3	2
19	Igor Soares de Andrade	2	2	2

Respeito às normas do jogo

	Pré	Pós
Nunca	2 alunos	0
Quase nunca	13 alunos	5 alunos
Às vezes	3 alunos	10 alunos
Quase sempre	1 alunos	3 alunos
Sempre	0	0

Respeito às normas da aula

	Pré	Pós
Nunca	0	0
Quase nunca	11 alunos	3 alunos
Às vezes	5 alunos	13 alunos
Quase sempre	3 alunos	3 alunos
Sempre	0	0

Gráfico: 0%, 15,7%, 68,4%, 15,7% — 1, 2, 3, 4, 5

Respeito às normas da escola

	Pré	Pós
Nunca	2 alunos	2 alunos
Quase nunca	11 alunos	5 alunos
Às vezes	5 alunos	9 alunos
Quase sempre	1 aluno	3 alunos
Sempre	0	0

Gráfico: 10,5%, 0%, 15,7%, 26,3%, 47,3% — 1, 2, 3, 4, 5

Aspectos facilitadores

- Utilização do jogo como fator de reflexão sobre a necessidade e a importância de regras e normas para a convivência das pessoas.
- Liberdade e apoio concedido pela coordenação pedagógica para o planejamento e a execução das estratégias e dos conteúdos da unidade didática.
- Turma pequena, que possibilitou o acompanhamento preciso dos alunos.

Dificuldades apresentadas

- Concepção dos alunos sobre as aulas de Educação Física como momento de recreação e visão do esporte como competição exacerbada e destituída de valores morais e éticos.
- Indisciplina e agressividade dos alunos nas aulas iniciais.

Foto 3.14

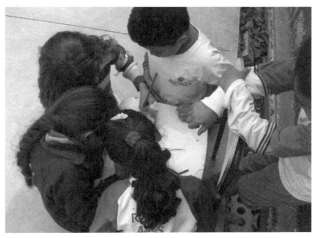

Foto 3.15

Foto 3.16

Foto 3.17

Foto 3.18

Estatuto Francisco Meirelles

O estatuto do núcleo Francisco Meirelles foi construído a partir de um processo coletivo, cujos participantes, a partir dos conflitos ocorridos nas aulas, registravam tudo aquilo que interferia negativamente no bom andamento das aulas. A seguir, dentro de cada turma, refletimos e elegemos as principais regras e sanções, a fim de servir como parâmetro para a melhora do convívio dos integrantes do projeto. Vale ressaltar que se faz necessária a contínua manutenção dos combinados, pois o objetivo não é controlar cegamente, mas adotar atitudes que respeitem as individualidades e os direitos de todos, como alunos, pais, professores e funcionários da EMEF Francisco Meirelles.

Normas

1. Só pegar a bola com a autorização do professor.
2. Não bater.

3. Respeitar os colegas e os professores.
4. Não chutar a bola de voleibol.
5. Chegar no horário certo da aula.
6. Não entrar pela diretoria.
7. Respeitar os colegas e os professores quando eles estiverem falando. não bater a bola quando alguém estiver falando.
8. Não trapacear nos jogos.
9. Não jogar a bola em direção à creche.
10. Utilizar o portão lateral.
11. Não subir nas grades.

Sanções

4.1 Quem chutar a bola de voleibol ficará uma rodada fora do jogo.
7.1 Pegar a bola de quem estiver atrapalhando aquele que fala.
9.1 Quem jogar a bola para a creche deverá buscá-la.

Obs.: Além das sanções mencionadas, se qualquer regra for violada, o caso será analisado pelo grupo e será definida a sanção cabível.

Unidade didática 6

Local

Núcleo São Luiz

Período de realização

Março a maio de 2008

Professor responsável

Luiz Alex de Moura

Faixa etária ou série

13 a 17 anos

Objetivo geral

Oportunizar a formação profissional.

Tema

Cidadania – Monitoria

Expectativas de aprendizagem

Dimensão conceitual

- Conhecer e identificar elementos próprios da Metodologia IEE.

Dimensão procedimental

- Planejar, organizar e executar ações de monitoria dentro e fora do Núcleo.
- Realizar ações de monitoria tanto no Núcleo quanto na Caravana do Esporte, utilizando a metodologia IEE.

Dimensão atitudinal

- Valorizar a proposta metodológica do IEE.
- Comprometer-se com o desenvolvimento das ações de monitoria.

Estratégias/atividades: desenvolvimento da unidade didática

- Avaliação diagnóstica com a questão: o que é monitoria?
- A seguir, os jovens planejaram e aplicaram uma aula em que os professores puderam observar os conhecimentos dos alunos, a atuação e as atitudes enquanto ocupavam a função de monitores.
- Atividade de registro: *diário de bordo* é um instrumento de avaliação muito rico em informações. Nele, os jovens e o professor fizeram apontamentos sobre as aulas e as reuniões realizadas pelos monitores. Os aspectos positivos e a serem melhorados durante as atuações dos jovens monitores eram discutidos entre os integrantes do grupo, e um dos participantes era responsável por anotar as principais informações, que se tornavam pauta da próxima reunião. O mesmo instrumento era utilizado como avaliação reguladora, pois apontava quando o grupo avançava

ou regredia, proporcionando ao professor maior possibilidade de acertos nas suas ações, tornando mais proveitoso o tempo de aula. Nesse instrumento, também são anotadas todas as atividades realizadas e uma breve avaliação sobre como foi o desenvolvimento do trabalho. Foram realizados quatro momentos ao longo de 12 aulas.

- Atividade para ampliação do conhecimento específico: leitura, discussão e vivência prática do livro de jogos do IEE – *Jogos educativos:* estrutura e organização da prática. O objetivo dessa atividade é possibilitar aos monitores o conhecimento dos princípios que regem a metodologia de trabalho do IEE.
- Planejar a realização da monitoria. Junto com os alunos, elaborar um planejamento, observando as possibilidades e a disponibilidade de horários (cronograma) que cada jovem possui, acordando com os alunos o comprometimento com os horários. Pensar em estratégias para que todos desempenhem a função de monitor.
- Atuação da monitoria nas aulas do Núcleo. Nove aulas foram utilizadas para que todos pudessem vivenciar a situação de planejar, organizar e desenvolver uma aula.
- Pós-vivência: conceituar em grupo o que é monitoria. Após a vivência da função de monitor por parte de alguns alunos e do estudo da metodologia, em grupo, conceituaram o que é ser monitor no Núcleo.
- Estabelecer relação entre as propostas desenvolvidas no Núcleo com a desenvolvida na Caravana do Esporte. Assistir a vídeos da Caravana.[1] Pontos considerados: o trabalho com o jogo para o ensino do esporte, a adaptação de materiais e a aproximação do contexto específico do trabalho desenvolvido na Caravana do Esporte.
- Construir jogos/brincadeiras com materiais alternativos. Desenvolver junto com os jovens, valorizando os conhecimentos, as qualidades pessoais e as experiências anteriores deles e os procedimentos de construção de materiais alternativos para a realização da proposta de trabalho com jogos e brincadeiras. Leitura e discussão dos critérios para a escolha do bom jogo. Esse texto encontra-se no livro *Jogos educativos:* estrutura e organização da prática.

---

[1] A Caravana é uma ação do Instituto Esporte & Educação que, por meio do esporte educacional, proporciona aos participantes (normalmente crianças de comunidade de baixa renda) atividades esportivas como futebol, voleibol, basquetebol etc., em que o respeito às diversidades, à inclusão e ao sucesso de todos e à diversão é elemento essencial para a continuidade da proposta.

Indicadores e instrumentos de avaliação

Indicadores	Instrumentos
Nível de conhecimento do conceito de monitoria.	Questionário inicial e final sobre o conceito monitoria.
Qualidade das aulas desenvolvidas pelos monitores: planejamento, organização e desenvolvimento.	Observação das aulas e registro no diário de bordo do professor.
Respeitar os critérios para a escolha de bons jogos.	Ficha de observação dos alunos na função de monitores.
Número de jogos construídos.	Registros da construção de jogos.
Coerência das atividades das aulas com a metodologia do IEE.	Ficha de planejamento de aula.
Percentual de presença na monitoria.	Lista de presença dos monitores e cronograma da monitoria.

Resultados

Os jovens estão atuando nas aulas do Núcleo aplicando os conceitos abordados no livro *Jogos educativos*: estrutura e organização da prática. Os monitores acompanham os professores nas aulas e são responsáveis por listas de chamadas, materiais (bolas, redes etc.) etc.

Quanto aos horários da monitoria nas aulas, o grupo está dividido de acordo com a disponibilidade do monitor. Ao todo, são 12 monitores que participam efetivamente junto com os professores nas aulas. O percentual de presenças é muito satisfatório, aproximadamente 89%. No caso de faltas, geralmente, os jovens comunicam o motivo antecipadamente; entram em contato com os professores por meio de telefonema ou amigos.

Avaliação inicial (conceitual)

Pergunta feita para o grupo de jovens: o que é monitoria?

O grupo conceituou monitoria como cuidar dos alunos quando o professor sai da quadra, montar as redes, levar o carrinho de bolas para a quadra e fazer a chamada ao final da aula.

Avaliação final (conceitual)

Pergunta ao grupo de jovens: o que é monitoria?

Segundo os alunos do grupo de jovens, "monitoria é o auxílio prestado aos professores e alunos durante uma aula, uma oficina, um evento ou um campeonato esportivo. Os monitores representam uma ação educacional e são exemplos para os alunos mais novos, pois, futuramente, esses assumirão a monitoria".

Na avaliação final, os alunos do grupo de jovens conceituaram o termo *monitoria* segundo os conhecimentos adquiridos nas aulas que participaram no próprio Núcleo. As monitorias realizadas e a troca de experiências com alunos que já foram monitores no Núcleo ampliaram o conhecimento do grupo quanto ao significado do que é ser um monitor.

Como parte da avaliação, os jovens monitores elaboraram aulas fazendo uso do instrumento utilizado pelos professores do IEE (plano de aula). Foram elaborados três planos de aulas. Essa construção se deu coletivamente. Em uma das reuniões, o professor apresentou o instrumento, falou de sua importância para o andamento das aulas nos Núcleos e evidenciou as partes presentes em uma aula (roda de conversa inicial, atividades – jogos, roda de conversa final), as atividades sugeridas (estratégias) e os materiais necessários para a realização da aula.

No primeiro plano de aula, os monitores planejaram coletivamente como seria a aula e escolheram uma turma de 9 a 10 anos para aplicar. Utilizaram como estratégia jogos que vivenciaram nas aulas do Núcleo (metodologia IEE) e jogos do seu cotidiano. Quanto à organização, ao planejamento e à distribuição das funções de cada integrante do grupo, os jovens foram excelentes. Porém, as atividades sugeridas não tiveram o mesmo desempenho. Alguns jogos sugeridos pelos jovens não motivaram os alunos que participavam da aula. Em alguns momentos, favoreciam os mais habilidosos. A complexidade era distante dos alunos da turma.

Aplicada a primeira aula, o professor, junto com os jovens, realizou avaliação reguladora. Os monitores apresentaram situações como: "os alunos não me ouviam"; "só chutavam as bolas"; "queriam sair toda hora para ir ao banheiro".

Posteriormente, o professor apresentou aos jovens algumas possibilidades sugeridas no livro *Jogos educativos:* estrutura e organização da prática. Coletivamente, alguns temas do livro foram discutidos (critérios para a escolha de um bom jogo, possibilidade de sucesso para todos etc.) e no encontro seguinte foi elaborado o segundo plano de aula.

As estratégias estavam mais próximas da realidade do grupo, os jogos tinham uma maior aceitação pelos alunos que faziam aula e participavam dos jogos. Na avaliação do segundo plano de aula, os jovens estavam mais otimistas. Entretanto, um deles tornou a mencionar uma dificuldade enfrentada pelo grupo: como chamar a atenção dos alunos.

No encontro para a elaboração do plano de aula número três, os alunos assistiram a um vídeo da Caravana do Esporte realizado na Zona Sul, *Capela do Socorro*. Essa Caravana foi marcada pelas ações de protagonismo dos jovens do IEE, que montaram a estrutura do evento e deram as oficinas.

Os jovens do Núcleo São Luiz que participaram dessa Caravana não faziam mais parte da monitoria, porém estiveram presentes nesse encontro para contar sobre a experiência. Alguns relatos foram de extrema importância para o avanço dos monitores, como o depoimento de alguns dos alunos que foram para caravana: "Quando você falar com os alunos, olhe nos olhos deles" (Monitor Renato); "Procure criar um jeito de chamar a atenção, brincadeira, piada" (Monitor Leandro).

Na realização da terceira aula, poucas modificações foram feitas no planejamento da aula. Os jovens optaram por manter os mesmos jogos, usando materiais diversificados. Quanto à condução da aula, os jovens tiveram uma postura muito diferente da anterior. Eles estabeleceram alguns acordos com a turma na roda de conversa, como "levantar a mão para falar, poder ir ao banheiro, mas não todos de uma só vez [...]" (Monitora Jaqueline).

A forma de falar com os alunos, de apresentar a proposta do jogo, os exemplos usados nas explicações das atividades e a preocupação para escolher os jogos foram indicadores que demonstraram que os jovens monitores compreenderam tanto o significado da atuação do monitor quanto adquiriram procedimentos e atitudes que contribuíram significativamente para o desenvolvimento pessoal e de inserção social por meio da vivência da prática docente.

3 – Unidades didáticas: relatos de experiências

Foto 3.19

Unidade didática 7

Local

CEU Parque Veredas – Polo Marechal Tito – Zona Leste

Período de realização

Fevereiro a junho de 2008

Professor responsável

Mafalda Juliana

Faixa etária ou série

7 a 10 anos

Objetivo geral

Desenvolver competências e habilidades psicomotoras, socioafetivas e cognitivas, com o foco no desenvolvimento de atitudes de cooperação e boa convivência em grupo, com posturas cada vez mais independentes e autônomas na busca de superar os desafios e enfrentar as situações-problema e os conflitos de aprendizagem.

Tema

Cultura – Jogos e brincadeiras

Expectativas de aprendizagem

Dimensão conceitual

- Conhecer novos jogos e brincadeiras e suas variações, socializando e ampliando o repertório de práticas da cultura corporal.
- Comparar e classificar os jogos e as brincadeiras a partir de critérios como número de jogadores (quantidade de pessoas), tipo de material, forma de manuseio, espaço necessário para jogar, tempo de duração do jogo, origem da brincadeira etc.
- Identificar jogos e brincadeiras que podem ser praticados com familiares e colegas fora da escola.

Dimensão procedimental

- Realizar os jogos e as brincadeiras escolhidas, socializando seus saberes e suas habilidades.
- Adaptar e reconstruir os jogos e as brincadeiras às condições da escola e do grupo (número de crianças, espaço, tempo, qualidade e quantidade do material etc.).
- Planejar e executar novas formas e estratégias de jogar, melhorando e desenvolvendo suas habilidades motoras para jogar certo e bem.
- Confeccionar um painel de registros (fotos, desenhos e textos) dos jogos e brincadeiras mostrando os jogos que conheciam no início da sequência e os novos aprendidos durante o desenvolvimento do projeto.

Dimensão atitudinal

- Respeitar e valorizar as diferentes formas de brincar sugeridas pelos colegas e pelo professor.
- Perceber e respeitar as diferentes formas de jogar e brincar como manifestações da cultura local, da individualidade e da forma de ser de cada um.
- Reconhecer e validar as aulas como um espaço de participação e construção coletiva.
- Apreciar e valorizar o diálogo como forma de construir espaços interessantes de integração e convívio em grupo.
- Jogar de forma cooperativa e com cada vez mais autonomia, sem a interferência constante do professor na solução e no encaminhamento dos conflitos.

Estratégias/atividades: desenvolvimento da unidade didática

1ª etapa

- Apresentação da sequência didática para as alunas e os alunos, explicitando as suas expectativas de aprendizagem (aonde se quer chegar com os alunos).
- Avaliação diagnóstica (inicial) e levantamento dos jogos e brincadeiras conhecidos pelas crianças: quais as brincadeiras que vocês conhecem? Onde e com quem vocês brincam dentro e fora da escola? O que precisamos para jogar esses jogos? Quais os jogos e as brincadeiras que vocês gostariam de conhecer?
- Elaboração coletiva de um painel com o registro dos diferentes jogos e brincadeiras conhecidos pelos alunos. Esse painel será "recheado" ao longo da sequência didática com as novas formas de brincar que serão construídas pelas crianças.
- Elaboração de uma linha do tempo com os jogos e as brincadeiras que serão estudados durante as diferentes etapas de realização do projeto.

- Vivência e experimentação das brincadeiras sugeridas pelos alunos e programadas na linha do tempo (queimada da vida, queimada duro-ou-mole, esconde-esconde, rouba-bandeira, rela-ajuda e mãe da rua).

2ª etapa

- Avaliação dos jogos e das brincadeiras estudados na primeira etapa de realização da sequência didática no que se refere à atitude das crianças: vocês aprenderam a jogar de forma cooperativa? Vocês acham que são capazes de jogar sozinhos, sem que a professora necessite apitar os jogos?
- Elaboração do painel de jogos e brincadeiras com os registros dos jogos e a classificação de acordo com os critérios: número de jogadores (quantidade de pessoas), tipo de material, forma de manuseio, espaço necessário para jogar, tempo de duração do jogo, origem da brincadeira etc.
- Vivência e experimentação das brincadeiras sugeridas pelos alunos e programadas na linha do tempo para a segunda etapa da sequência (duro-ou-mole, futebol, jogo do pingo, jogo do taco, pipas e barra-manteiga).

3ª etapa

- Avaliação processual com base na observação e nos registros do professor e foco nas expectativas e nos indicadores de aprendizagem.
- Levantamento com as crianças dos jogos e das brincadeiras estudados que poderiam ser levados para casa. Sugestão para as crian-

ças ensinarem aos familiares e colegas da comunidade os novos jogos e brincadeiras aprendidos.
- Trabalho com o painel, registrando os novos jogos e brincadeiras estudados.
- Levantamento das dificuldades encontradas na realização dos jogos e na proposição de novas estratégias para a realização dos jogos programados para essa etapa do projeto.
- Vivência e experimentação das brincadeiras sugeridas pelos alunos e programadas na linha do tempo para a terceira etapa da sequência (bolinha de gude, bola no aro, voleibol, basquetebol, pega-pega corrente e carimbador maluco).

4ª etapa

- Realização de uma síntese dos principais jogos estudados.
- Experimentação de alguns jogos e brincadeiras novos trazidos pelo professor (elástico e rodopio).
- Finalização do painel de jogos e brincadeiras.
- Avaliação final da aprendizagem dos alunos, com base nos indicadores selecionados e com a utilização dos instrumentos de registro e observação.

Indicadores e instrumentos de avaliação

Indicadores	Instrumentos
Número de alunos presentes e participantes em cada aula.	Lista de chamada.
Número de jogos e brincadeiras estudados.	Painel de jogos e brincadeiras: lista com todas as brincadeiras estudadas pelas crianças (registros, fotos e desenhos dos alunos e alunas).
Número de jogos e brincadeiras novos que foram aprendidos pelos alunos. Quantidade de conflitos e intervenções do professor durante a realização dos jogos e das brincadeiras. As crianças finalizaram a unidade didática sabendo mais sobre a cultura de jogos e brincadeiras? (novas brincadeiras, sua origem, evolução ao longo do tempo etc.). Qualidade da adaptação e reconstrução dos jogos e das brincadeiras. As brincadeiras realmente aconteceram? As crianças passaram a conhecer e a inventar diversas formas de brincar com os jogos estudados? Qualidade da elaboração e manutenção do painel coletivo. Os materiais estavam sendo cuidados e guardados pelas próprias crianças durante e depois das aulas? Qualidade da participação dos alunos nos encaminhamentos da ação educativa. As crianças aprenderam a jogar sozinhas, sem a ajuda do professor? As crianças aprenderam a se organizar em grupo, de forma coletiva e cooperativa? Constituíram-se no grupo lideranças positivas para a resolução de problemas e desafios?	Diário de bordo – caderno de registros das observações realizadas pelo professor durante as aulas.
Indicadores atitudinais, como 1. O aluno auxilia os outros e é cooperativo? 2. O aluno joga sozinho sem a interferência do professor? 3. O aluno lidera positivamente o grupo na resolução de problemas ou desafios?	Ficha de observação do professor.

Nota: Alunos e alunas foram avaliados em uma escala de 1 a 5, de acordo com os seguintes valores/critérios: 1. Nunca; 2. Quase nunca; 3. Às vezes; 4. Quase sempre; 5. Sempre.

Resultados

Esta unidade didática foi desenvolvida com um grupo de 18 meninos e meninas de 7 a 10 anos, todos matriculados no Ensino Fundamental da EMEF do CEU Parque Veredas, localizada na Zona Leste de São Paulo.

As aulas aconteceram no primeiro semestre de 2008, entre fevereiro e junho, com um encontro semanal de uma hora e meia de duração. Durante as aulas, geralmente utilizamos espaços alternativos do CEU, como o pátio, o parque, o ateliê etc., e trabalhamos sempre em parceria (um professor e um estagiário).

Na construção e no planejamento desta sequência didática, optamos por privilegiar as questões atitudinais relacionadas ao desenvolvimento de habilidades de cooperação e à convivência em grupo. Percebemos, desde o início das aulas, que esse grupo apresentava algumas dificuldades de relacionamento e era, em alguns momentos, muito dependente dos professores para o encaminhamento dos conflitos e da coordenação das atividades. Sendo assim, optamos por desenvolver um projeto que pudesse estimular competências e habilidades socioafetivas com o foco no desenvolvimento de atitudes de cooperação, boa convivência em grupo e posturas cada vez mais independentes e autônomas na busca de superar os desafios e enfrentar as situações-problema e os conflitos de aprendizagem.

Na seleção do tema e dos conteúdos, optamos por jogos e brincadeiras em grupo, justamente pela possibilidade de trabalharmos com aprendizagens relacionadas à construção de rotinas coletivas, às regras unificadas e às relações de cooperação entre as crianças. Segue um quadro com a descrição de alguns jogos estudados no projeto.

Nome do jogo	Descrição da brincadeira
Queimada da vida	Equipes. Ao ser queimado, o aluno deverá ficar sentado e, para ser salvo, alguém de seu time deverá pegar a bola no ar e passar para o aluno que está sentado, obtendo a liberdade, ou seja, a "vida". Ganha a equipe que conseguir queimar todos da equipe adversária. Sugestão: várias bolas.
Rouba bandeira	Duas equipes. Cada uma terá que roubar a bandeira, ou qualquer outro objeto, no campo do adversário. O aluno, ao tentar atravessar, se for pego, deverá ficar parado no lugar até que alguém de seu time o salve. Para isso, é só encostar a mão no aluno pego. Ganha a equipe que conseguir roubar a bandeira primeiro.
Mãe da rua	Os alunos deverão ficar todos juntos. Delimita-se um lugar que será a rua (pode ser a quadra de voleibol), um dos alunos será a mãe da rua. Ele ficará dentro do espaço de jogo e terá o dever de pegar todos os participantes que tentarem atravessar a rua. Ao ser pego, o aluno ficará parado no lugar. O jogo só termina quando a mãe da rua conseguir pegar todos. Obs.: para realizarem a travessia, os alunos terão que pular com apenas uma das pernas.
Pingo	Os alunos deverão ficar em duplas e passar a bola para o amigo. Para que isso aconteça, a bola deverá quicar uma vez no chão.
Esconde-esconde diferente	O jogo começa com dois participantes. Deve-se pegar uma bola. É a partir daí que tudo começa. Um jogador chuta a bola e outro vai buscar. Enquanto isso, os outros devem se esconder. Para ser salvo, o aluno que conseguir se salvar deve chutar a bola novamente, para pegá-la e correr, e o jogo se inicia novamente. O pegador será substituído quando conseguir bater (encontrar) todos na bola.
Derruba cone futebol	O jogo é parecido com o derruba cone, só que os participantes deverão chutar a bola para acertar aos cones. Duas equipes, em uma quadra com espaço limitado para cada uma; os alunos espalharão vários cones e, durante o jogo, eles deverão protegê-los e derrubar os cones do time adversário. Ganha a brincadeira a equipe que conseguir derrubar primeiro os cones.
Carimbador maluco	Em duas equipes, os alunos devem ficar espalhados no espaço. O jogo é uma queimada. O aluno, ao ser queimado, deve ficar abaixado e, para ser salvo, deve esperar um amigo lhe passar a bola. O jogo termina quando todos de uma equipe forem queimados.

A avaliação inicial realizada com o grupo mostrou alguns dados interessantes sobre as atitudes das crianças em relação ao trabalho coletivo e o nível de dependência em relação aos professores no gerenciamento de espaço e tempo de aprendizagem.

Gráfico 3.1 – Auxilia os outros e é cooperativo: diagnóstico MÉDIA 2,44

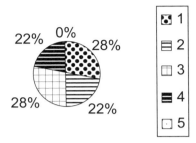

O Gráfico 3.1 mostra que o grupo, no início do projeto, apresentava um perfil bastante diverso em relação ao trabalho colaborativo entre os alunos. Nas nossas observações, verificamos que as crianças apresentavam atitudes bem diferentes quando o foco estava nas ações relacionadas à ajuda mútua, à colaboração e à cooperação entre os meninos e as meninas. Se, por um lado, 22% do grupo apresentava *quase sempre* uma atitude de auxílio e cooperação, por outro, tínhamos quase 30% de alunos e alunas com posturas egocêntricas e mais individualistas.

Gráfico 3.2 – Joga sozinho, sem interferência do professor: diagnóstico MÉDIA 4

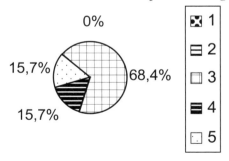

De acordo com o Gráfico 3.2, pudemos perceber que as crianças, no início da sequência didática, apresentavam atitudes interessantes no autogerenciamento dos espaços e do tempo de aprendizagem. Foi interessante perceber que um bom número de alunos e alunas, quase 40%, conseguiam jogar sozinhos, gerenciando seu andamento e sem a necessidade de interferência constante dos professores. Levantamos a hipótese de que a própria rotina do CEU incentiva essa aprendizagem, na medida em que as classes muito numerosas solicitam das crianças um amadurecimento rápido quando o assunto é cuidar de si mesmo. Ficamos surpresos positivamente com esse fato, mas, ao mesmo tempo, notamos que a aprendizagem de posturas e atitudes autônomas ainda era um desafio a ser superado pelas crianças. O Gráfico 3.2 mostra que mais de 50% dos alunos e das alunas oscilavam entre o *às vezes* e o *quase sempre* quando o assunto era *jogar sozinho*, ou seja, ainda havia muito por aprender.

Gráfico 3.3 – Lidera o grupo na resolução de problemas ou desafios: diagnóstico MÉDIA 1,72

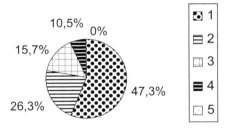

Quando o assunto era a formação de "boas" lideranças no grupo, percebemos que mais da metade do grupo ainda não apresentava atitudes de coordenar ou encaminhar os conflitos nos espaços de jogos e brincadeiras. O Gráfico 3.3, que avalia as posturas de liderança, apresentou um dado interessante quando mostrou que mais de 50% das crianças não tinham perfil de liderar o grupo para encaminhar e resolver os conflitos que geralmente aconteciam nos espaços das atividades realizadas em aula. Quando comparamos os Gráficos 3.1 e 3.3, na tentativa de fazer uma leitura coerente, verificamos que as crianças entendiam a dinâmica dos jogos (estrutura, regras e lógica) rapidamente e jogavam sozinhas, com habilidade e competência, até o aparecimento dos conflitos e das brigas. Nesse momento, elas ainda procuravam muito pelos professores para a resolução e o encaminhamento das confusões e das discussões. Vale dizer que as crianças dessa faixa etária estão realmente em uma fase de transição entre uma postura heterônoma e egocêntrica para a aprendizagem de posturas mais autônomas e descentradas, no entanto, parece que a escola precisa avançar no sentido de contribuir mais para que os meninos e as meninas sejam incentivados a desenvolver independência e uma moral mais voltada para a autonomia. Nossa experiência no CEU tem mostrado que as relações entre as crianças e os professores nas escolas ainda são muito diretivas e as rotinas, muito rígidas, com os mestres resolvendo e administrando tudo pelas crianças.

Na definição das estratégias e da metodologia de trabalho, definimos, até em razão das nossas expectativas de aprendizagem, adotar uma postura de muito diálogo e construção em grupo com as crianças. As rodas de conversa, a elaboração do painel de jogos e brincadeiras e a construção coletiva das regras e das estruturas dos jogos foram as estratégias escolhidas para o trabalho com as crianças. Seguem alguns trechos dos registros pós-aula realizados por nós no diário de bordo. Foi muito interessante verificar como as crianças reagiram às propostas e como as aulas tornaram-se espaços privilegiados de diálogo e aprendizagem de atitudes colaborativas.

Jogo rouba bandeira

"A participação dos alunos neste jogo foi muito boa."

"Tivemos algumas variações, como colocar mais bandeiras para serem pegas, colocar crianças no lugar das bandeiras, limitar espaço etc."

"Essas variações foram sugeridas pelos alunos nas rodas de conversa, deixando o jogo mais dinâmico e legal."

3 – Unidades didáticas: relatos de experiências

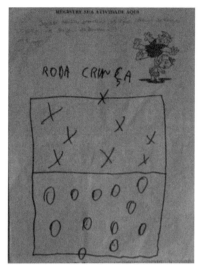

Foto 3.20

Jogos esconde-esconde e rela-ajuda no parque

"Esses jogos são bem conhecidos no CEU e as crianças adoram."

"Os alunos me cobravam muito o brincar no parque. Aproveitei o entusiasmo das crianças e jogamos muito."

"Tivemos variações do esconde-esconde. As crianças gostaram muito da proposta trazida pelo Marcos. Nesta variação, o pegador não 'bate cara' em frente ao piques. Um 'jogador' chuta a bola e o pegador, antes de procurar, corre atrás da bola. Nesse tempo, os outros devem se esconder e quem for 'pego' passa a ser o 'pegador'."

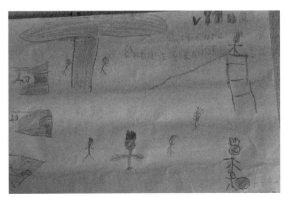

Foto 3.21

Jogo bolinha de gude

"Não conhecia o jogo muito bem e me vi em conflito antes da aula."

"Pedi a ajuda das crianças e eles organizaram muito bem"

"Fiquei feliz... foi supertranquilo. Eles dividiram os grupos entre colegas que sabiam e outros que não conheciam o jogo."

"No princípio, as meninas se negaram a jogar, mas, depois de uma conversa, elas jogaram e se divertiram muito."

"Os grupos criaram estratégias muito interessantes e diferentes de jogar, explorando todas as possibilidades do jogo. Foi muito bom ver as crianças jogando juntas e sem brigas."

Jogo de futebol

"Foi sugestão de um menino. No dia desta aula, as meninas se negaram a jogar dizendo que aquilo era jogo para 'macho'. Na roda de conversa, os meninos as convenceram de jogar juntos, elas aceitaram o desafio e no final se divertiram muito."

"A aluna Thalita declarou nunca ter jogado futebol e que adorou a nova experiência."

"Os alunos nas outras aulas foram pedindo mais este jogo. Aproveitei a motivação e trabalhei outros aspectos, como a questão de sexo, o respeito entre eles etc."

"Foi muito interessante observar que eles conseguiram identificar a importância de se respeitar no jogo e ajudar aqueles que sabem menos."

Jogo mãe da rua

"Nesta atividade tive uma surpresa, pois apenas uma aluna sabia jogá-lo."

"Ela explicou as regras do jogo e todos puderam vivenciar."

"Este momento foi marcante. Nós saímos de cena e as crianças deram um 'show'."

"Foi interessante ver todo o processo de explicação e construção do jogo. As crianças ficaram atentas quando da explicação da colega, o que muitas vezes não acontecia nas rodas coordenadas por nós, os professores."

"A turma adorou o jogo e nós ficamos felizes em ver como as crianças estavam evoluindo na habilidade de jogar sozinho, sem a necessidade de tanta diretividade por parte dos professores."

Jogo do taco

"Pedimos para os alunos trazerem os tacos. Alguns trouxeram, mas outros esqueceram. Fizemos algumas adaptações com bastões e o jogo aconteceu."

"Foi uma das aulas mais legais! Organizamos vários espaços de jogo para as crianças não ficarem paradas e todos participaram ativamente."

"É fato que algumas brigas aconteceram, mas não deixamos de brincar. Os conflitos foram mediados de forma individual e nas rodas de conversa. Foram bons momentos para trabalhar as atitudes de respeito, a colaboração e a convivência em grupo."

Jogo confecção de pipas

"Os alunos trabalharam de forma muito colaborativa."

"Apenas três crianças sabiam confeccionar pipas. Elas não brigaram, muito pelo contrário, se ajudaram mutuamente."

"As meninas fizeram belas pipas e deixaram os meninos espantados com tanta criatividade."

Foto 3.22

Durante todo o projeto, com base no diagnóstico realizado, focamos o trabalho na construção de uma rotina de aula que fosse pautada pelo diálogo e pela conversa dos professores com as crianças. Esse foi um processo muito interessante, com os alunos e as alunas participando ativamente das rotinas e da seleção das atividades para cada aula da sequência. Na apresentação dos jogos, na explicação da sua estrutura e regras e na sua execução, constantemente incentivamos as crianças a desenvolverem habilidades de coordenação e autogerenciamento das atividades. A cada aula da sequência, desafiávamos os alunos a resolverem conflitos e desafios relacionados a aspectos sociais, afetivos, motores e cognitivos presentes nos jogos e nas brincadeiras. Com perguntas do tipo: como podemos fazer para tornar o jogo um pouco mais desafiador? Quais as facilidades que vocês encontraram no jogo? Quais as dificuldades? Todos estão jogando? Quais as estratégias que podem fazê-los jogar melhor?, incentivamos a apropriação do jogo pelas crianças. Nossa meta era que eles se comprometessem com o jogo, entendendo que este era deles, e não dos professores.

Com o passar do tempo, percebemos alguns avanços na postura das crianças. Em algumas aulas, notamos que estávamos interferindo menos nos jogos e elas jogavam demonstrando entendimento e clareza da rotina e da estrutura dos jogos. Na função de professores desse grupo, aprendemos que os jogos e as brincadeiras precisavam ser jogados durante algum tempo para permitir que os alunos e as alunas compreendessem como era o funcionamento do jogo. É um equívoco achar que o importante é a quantidade de jogos, e não a qualidade. Finalizamos este projeto acreditando que é melhor as crianças participarem de poucos jogos e aprendê-los do que participarem de muitos com superficialidade e, no final, não saber jogar bem nenhum deles. Aprendemos, também, que os jogos em pequenos grupos são importantes para que as crianças consigam conversar e escutar uns aos outros. Os jogos em grandes grupos exigem, às vezes, um alto nível de descentração, para o qual as crianças ainda não estão preparadas.

Na avaliação final do projeto, quando voltamos a observar as crianças individualmente, percebemos que a média dos alunos e das alunas em todos os indicadores apresentou uma evolução (ver as médias dos Gráficos 3.1, 3.2 e 3.3 e compará-las às dos Gráficos 3.4, 3.5 e 3.6).

Gráfico 3.4 – Auxilia os outros e é cooperativo: final MÉDIA 3

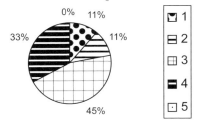

Gráfico 3.5 – Joga sozinho, sem interferência do professor: final MÉDIA 4,38

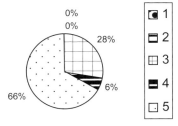

Gráfico 3.6 – Lidera o grupo na resolução de problemas e desafios: final MÉDIA 2,11

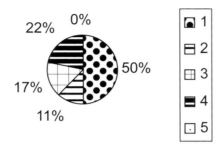

A educação de atitudes não é algo simples e que acontece de uma hora para outra. Além disso, as crianças vivem nos mais diversos ambientes, com as mais diferentes pessoas. A evolução nos indicadores avaliados foi visível, oferecendo-nos dados importantes sobre a qualidade da metodologia utilizada. Os dados mostram que é possível educar atitudes e que uma educação para a autonomia está atrelada a uma escola em que predominem relações de diálogo e colaboração. Em síntese, quanto mais oportunidade as crianças tiverem de experimentar relações dialógicas, maior será a chance de desenvolverem atitudes autônomas nos diferentes ambientes onde vivem, como a escola.

Aspectos facilitadores

- O envolvimento dos alunos e das alunas em todas as aulas. Os jogos escolhidos motivaram as crianças que se mantiveram interessadas e comprometidas com as propostas.
- O planejamento prévio das aulas e o acompanhamento sistemático das ações foram importantes na organização da sequência para que pudéssemos dar conta dos conteúdos selecionados dentro do tempo disponível.
- Um outro aspecto importante e que facilitou nossas ações foi a presença da estagiária Denise. Trabalhar em dupla ajudou na organização das atividades e permitiu dar uma atenção mais individualizada aos alunos.

- A utilização do diário de bordo ajudou muito no processo de avaliação da sequência didática. Os registros ajudaram a dar foco nas observações e a olhar com mais atenção para os indicadores de avaliação. Esses registros também ajudaram a avaliar a nossa prática, sobretudo na regulação das ações e das estratégias que utilizávamos durante as aulas.
- As reuniões pedagógicas e o tempo que tivemos disponível para planejar as aulas foram importantes para garantir a qualidade de nossa ação.

Dificuldades apresentadas

- A frequência das aulas, de uma vez por semana, foi um limitador. Se tivéssemos mais tempo junto com as crianças, a qualidade do trabalho seria melhor.
- Educar as crianças em um ambiente que prevaleça o diálogo e a cooperação não é tarefa fácil, na medida em que nós, os professores, não somos formados e educados nessa concepção. É preciso estudar bastante e aprimorar a cada dia o processo de planejamento, observações e regulação das ações.
- As expectativas de aprendizagem eram diversas, o que dificultou um pouco a nossa ação pedagógica. Durante o projeto, ficamos preocupados em perder o foco do trabalho, já que tínhamos selecionado muitas habilidades a serem desenvolvidas.
- Avaliamos que é preciso estreitar os laços com as professoras de sala. Talvez, isso possa ajudar na adoção de posturas comuns entre os professores da EMEF do CEU e os professores do Programa São Paulo é uma Escola.

Unidade didática 8

Local

EMEF Airton Arantes – Polo São Luiz

Período de realização

Abril a junho de 2008

Professor responsável

Raquel Clementino

Faixa etária ou série

13 a 16 anos

Objetivo geral

Desenvolver competências e habilidades cognitivas, socioafetivas e psicomotoras.

Tema

Esporte

Expectativas de aprendizagem

Conceitual

Conhecer os conceitos de evolução tática, física e técnica e as regras no voleibol.

Procedimental

Executar as habilidades básicas do voleibol – saque, toque, manchete, cortada e bloqueio.

Atitudinal

Respeitar e valorizar as normas de convivência e as regras construídas e estabelecidas para os jogos reduzidos e pré-desportivos.

Estratégias/atividades: desenvolvimento da unidade didática

Avaliação diagnóstica conceitual

- Aplicação de questionário nos alunos para responderem à questão: quem conhece alguma regra e como se jogava nos anos de 1895/1900/2000?

Atividades na sala

- Pesquisa da história do voleibol analisando a evolução técnica, tática e das regras.

- Divisão da turma em três grupos para a pesquisa histórica:

  - **Grupo 1**: pesquisa dos anos 1800.
  - **Grupo 2**: pesquisa dos anos 1900.
  - **Grupo 3**: pesquisa dos anos 2000.

- Cada grupo desenvolveu o jogo de acordo com as regras decorrentes dos períodos históricos de 1800, 1900 e 2000.

Avaliação diagnóstica procedimental

- Aplicação de teste motor das habilidades do voleibol e observação durante as aulas iniciais da unidade, com os seguintes critérios: 1 para quem consegue realizar os fundamentos; 2 para quem consegue realizar os fundamentos, mas com dificuldades; 3 para quem não consegue realizar os fundamentos.

Avaliação diagnóstica atitudinal

- Observação se os alunos se respeitam, avaliando se escutam o colega ou não, se falam "palavrões" e respeitam as regras combinadas para os jogos.

Aula prática, com objetivo de aprender sistema de jogo 6/0

- Vivenciar com todas as turmas o jogo *Todo Mundo Roda*.
- Marcar posicionamento do rodízio no chão com giz.

Aula prática, com objetivo de aprender as habilidades do voleibol

- Jogos adaptados (reduzidos e pré-desportivos) e jogar 6/0 utilizando somente toque, depois somente manchete e saque ao alvo.

Aula prática, com objetivo de melhorar a qualidade do jogo

- Jogos adaptados: voleibol e resgate, realizando a recepção, o levantamento e o ataque.

Roda de conversa

- Traçar objetivos da aula com a turma, construir as atividades e os combinados da aula.
- Anotar as equipes e decidir a arbitragem dos jogos com os alunos.
- Refletir sobre a aula, analisando as vivências, os desequilíbrios e os conflitos, com a intenção de consolidar as aprendizagens dos conteúdos.

Organização de torneio de voleibol interclasses

- Os alunos, em pequenos grupos e depois em assembleias, estruturaram a competição, com a construção de regras, a elaboração da tabela e do regulamento do torneio e definiram as funções e as responsabilidades da arbitragem e dos dirigentes do torneio.

Avaliação final conceitual, procedimental e atitudinal

- Observação da utilização dos sistemas táticos, das habilidades básicas do voleibol, do respeito aos outros e às regras e às normas combinadas durante a participação no torneio interclasses.

Indicadores e instrumentos de avaliação

Dimensão conceitual

Indicador	Instrumento
Construção, organização e prática, realizada pelos alunos, de jogos de acordo com as fases evolutivas das táticas e das técnicas do voleibol, baseadas nos conhecimentos adquiridos nas pesquisas sobre o histórico desse esporte.	Observação e registro no diário de bordo.

Dimensão procedimental

Indicador	Instrumento
Jogar voleibol com proficiência utilizando os fundamentos do esporte, de acordo com os critérios: 1. Consegue realizar os fundamentos. 2. Consegue realizar os fundamentos, mas com dificuldades. 3. Não consegue realizar os fundamentos, empregando os diferentes sistemas táticos conhecidos (6 x 0 e 4 x 2).	Teste de execução das habilidades e observação dos jogos de voleibol. Observação e registro no diário de bordo.
Números de jogos criados ou adaptados pelos alunos.	Observação e registro no diário de bordo.

Dimensão atitudinal

Indicador	Instrumento
Dialogam com os colegas, ouvindo e respeitando as opiniões e as ideias? Discutem cordialmente na resolução dos conflitos, sem ofender ao outro? Constroem os jogos coletivamente? Ao jogarem, respeitam as regras e as dificuldades dos colegas, não criticando e xingando?	Observação das relações dos alunos baseada nos critérios estabelecidos no indicador e registro no diário de bordo.

Resultados

Esta unidade didática foi desenvolvida em 47 aulas, com a turma da 8ª série D, em uma sala com 33 alunos, e a maioria deles estuda na escola desde as primeiras séries.

Na *avaliação inicial conceitual*, observou-se que os alunos pouco sabiam sobre conceito da evolução e regras do voleibol. Essa turma é participativa na construção dos jogos e também na hora de jogar, porém apenas dois alunos trouxeram pesquisas sobre a evolução e as regras do voleibol. Mesmo assim, conseguimos montar grupos, de acordo com os períodos de 1895/1900/2000 para estudar o histórico de cada uma das fases do esporte.

O primeiro grupo descobriu que em 1895 jogava-se de qualquer jeito, sem a consistência dos fundamentos básicos (saque, toque, manchete e cortada) e não era estipulado o número de jogadores nas equipes. Diante desses dados, os alunos construíram o jogo *vale tudo*.

O segundo grupo, de 1900, levantou a necessidade de jogar com fundamentos (saque, toque, manchete e cortada) e como foram se aprimorando. Outro fator foi a quantidade de jogadores por equipe que passou a ser seis.

Discutiram sobre o método de pontuação, que era com vantagem de pontos, e, para vivenciar os fundamentos, jogaram com 6 participantes em cada equipe, valendo até 10 pontos; inicialmente, permitiu-se somente a utilização da manchete, depois, somente toque e, no terceiro momento, empregou-se livremente os dois fundamentos (toque e manchete).

O terceiro grupo, de 2000, trouxe a informação de que em 1998 surgiu o sistema de pontos corridos, em que os quatro primeiros *sets* são de 25 pontos e o quinto *set* é de 15 pontos ou dois pontos de vantagem a partir daí. Colocaram que as equipes têm disponível um minuto de tempo, que aparecem no 8º e 16º pontos. Comentaram, também, sobre a existência do líbero, mas não jogaram com a sua presença, pois o sistema de jogo que vivenciaram foi o 6/0.

Todos os grupos participaram e vivenciaram todas as situações de jogo e de regras. Os alunos afirmaram que as regras foram alteradas para facilitar, por exemplo, a quantidade de jogadores. Outro fator levantado foram os fundamentos, que, na opinião dos alunos, facilitam e deixam a jogada mais bonita.

Eles disseram que o jogo ficava muito lento quando era com vantagem, agora os *rallys* têm mais tempo na televisão, também por causa do líbero.

Durante os jogos do minitorneio interclasses, observou-se que os alunos reconheceram a necessidade das regras e por que houve mudanças nas regras. Como demonstra o relato de Pedro Henrique:

"Ainda bem que existem as regras, porque senão esse campeonato seria uma bagunça, agora o mais da hora é que nós que fizemos as regras."

A fala do aluno condiz com que os alunos aprenderam que, no período de 1895, não existiam regras, e estas foram construídas com o passar do tempo.

Percebeu-se que a maioria dos alunos tem dificuldade para jogar voleibol, tanto na execução das habilidades motoras quanto no entendimento das regras e das táticas do esporte. Muitos dizem que não participam das aulas de Educação Física que têm voleibol porque não conseguem jogar, sentem vergonha por não saberem.

Valendo-se dessa constatação, iniciamos a vivência, em várias aulas, de jogos adaptados construídos pelos alunos, conforme as características dos jogos dos respectivos períodos (1895/1900/2000) na avaliação inicial procedimental: que 90,9% não conseguem realizar os fundamentos em situações de jogo; apenas 6% conseguem realizar os fundamentos, mas com dificuldades; e 3,1% conseguem realizar os fundamentos, sabem quase tudo sobre voleibol.

Na *avaliação procedimental final*, avaliou-se a execução das habilidades básicas do voleibol e verificou-se que 51,5% dos alunos ainda têm dificuldades para jogar e não conseguem realizar os fundamentos; 33,3% jogam regularmente, ou seja, conseguem, mas ainda têm dificuldades, embora tenham melhorado muito; e 15,1% estão jogando muito bem.

Na *avaliação atitudinal inicial*, observou-se que os alunos não se respeitam, falam "palavrões" uns para os outros e não escutam os colegas.

Na *avaliação final*, notou-se que houve mudanças no comportamento dos alunos, pois eles não falavam "palavrões" durante os jogos e se algum aluno falasse durante as aulas, alguém respondia: "Olha o respeito, meu!". A fala de Erick revela a alteração do comportamento dos alunos. Entende-se que, daqui para frente, essas regras de convivência serão utilizadas nas aulas também.

Aspectos facilitadores

- A turma é participativa. Alguns chegam a participar das aulas de outras turmas, o que facilitou o trabalho, pois esses alunos nos ajudam nas aulas.
- A coordenação da escola nos apoiou nos dias do torneio de voleibol, pedindo aos professores das demais disciplinas que liberassem os alunos para os jogos.
- As aulas em que atuamos como professor eventual, substituindo a falta de professores de outras disciplinas, favoreceram o alcance dos objetivos ao possibilitarem o encontro com a turma mais vezes na semana.

Dificuldades apresentadas

- Foram poucas aulas desenvolvidas na quadra da escola em virtude das aulas de Educação Física regulares serem no mesmo período das aulas do Projeto. Então, os alunos sentiram a diferença dos dois espaços, o que dificultou a construção dos jogos.

Foto 3.23

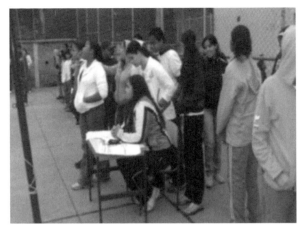

Foto 3.24

Foto 3.25

Foto 3.26

Unidade didática 9

Local

EMEF Albertina Marques – Núcleo San Francisco – Polo Itatiba

Período de realização

Abril a julho de 2008

Professores responsáveis

Ricardo Ferraz e Caio Busca

Faixa etária ou série

6 a 8 anos

Objetivos gerais

- Desenvolver competências e habilidades psicomotoras, socioafetivas e cognitivas.
- Contribuir para a formação do jovem como cidadão crítico, participante e transformador de sua realidade.

Tema

Cultura – Jogos e brincadeiras

Expectativas de aprendizagem

Dimensão conceitual

- Conhecer jogos e brincadeiras que envolvam habilidades básicas como correr, saltar, rebater, rolar, receber e de equilíbrio.
- Compreender a importância de cada um para a boa convivência em grupo.
- Compreender o conceito de locomoção, manipulação e equilíbrio.
- Identificar habilidades de locomoção, manipulação e equilíbrio.

Dimensão procedimental

- Vivenciar jogos e brincadeiras e executar em nível maduro as habilidades básicas correr, saltar, rebater, rolar, lançar, receber e de equilíbrio.

Dimensão atitudinal

- Respeitar as regras combinadas.
- Respeitar as diferentes opiniões.
- Participar dando opiniões.

Estratégias/atividades: desenvolvimento da unidade didática

- Discussão e reflexão em grupo sobre as atividades e as aprendizagens das aulas em roda de conversa inicial e final em todas as aulas.
- Realização de circuito de habilidades motoras para exploração de espaço, movimentos e materiais, com estações preparadas com bolas, colchões, arcos, cordas etc.
- Reflexão coletiva para retomada e registro dos movimentos realizados e comentados pelos alunos na aula anterior.

Avaliação inicial

Locomoção

- Realização de teste de habilidades motoras básicas. Elaboração de painéis com recortes e colagens sobre atividades que empregam as habilidades de locomoção.
- Vivência de jogos e brincadeiras propostos pelo professor que envolvam locomoção, como corrida do saci, mãe da rua com variações (número ou bichos), pega-pega, tulipa, cerca, jogo do contrário etc.
- Redação de lista de jogos e brincadeiras feita pelos alunos que envolvam locomoção.
- Escolha e vivência dos alunos dos jogos por eles listados: basquetebol, ovo choco, voleibol, futebol, amarelinha, polícia-e-ladrão, pega-pega etc.

Manipulação

- Elaboração de painéis com recortes e colagens sobre atividades que empregam as habilidades de manipulação. Redação de lista de jogos e brincadeiras feita pelos alunos que envolvam manipulação.
- Vivência de jogos e brincadeiras de manipulação apresentados pelos professores: estafeta com bola, batata-quente, lança-bola, atividade com bola, boliche, tiro ao alvo, distribuir e recolher a bola, ponto-a-ponto, alvo de cadeira, limpa casa, passando o arco, ovo choco de queimada, queimada pino, impulsione a bola e corrida das bolas.
- Escolha e vivência dos jogos listados pelos alunos: corda, dominó, passa anel, bolinha de gude, pingue-pongue etc.

Equilíbrio

- Elaboração de painéis com recortes e colagens sobre atividades que empregam as habilidades de equilíbrio. Redação de lista de jogos e brincadeiras feita pelos alunos que envolvam equilíbrio.
- Prática de jogos e brincadeiras que envolvam equilíbrio trazidos pelos professores: ponte (com jornal), toca, colher maçã, atividade com corda e bastões, carrinho de mão, tabuleiro, esquina e dentro-e-fora.

- Escolha e vivência dos jogos listados pelos alunos: corda, dominó, passa anel, bolinha de gude e pingue-pongue.
- Levantamento de jogos pelos alunos para complementação das listas envolvendo locomoção, manipulação e equilíbrio: memória, bambolê e peteca.
- Vivência dos grandes jogos que aconteceriam nos internúcleos locais: queimada, guerra das bolas e câmbio.

Avaliação final

- Confecção de painel de profissões com a identificação, nas figuras, das habilidades motoras básicas necessárias à função.
- Realização de teste de habilidades motoras básicas.

Indicadores e instrumentos de avaliação

Dimensão conceitual

Indicador	Instrumento
1A. Número de jogos levantados pelos alunos relacionados às habilidades e vivenciados por eles.	Listagem dos jogos relacionados pelos alunos.
1B. Compreensão e cumprimento das regras dos jogos, no decorrer das aulas.	Observação dos jogos utilizados na unidade didática e registro em diário de bordo.
1C e D. Número e qualidade dos trabalhos sobre compreensão das habilidades motoras básicas de locomoção, manipulação e equilíbrio.	Trabalho de recorte e colagem sobre locomoção, manipulação e equilíbrio. Painel de profissões para a identificação das habilidades básicas utilizadas no cotidiano.

Dimensão procedimental

Indicador	Instrumento
2A. Nível inicial, elementar e maduro de desenvolvimento motor nas habilidades básicas.	Teste de habilidades motoras básicas.

Dimensão atitudinal

Indicador	Instrumento
3A. Cumprir as regras do jogo e as normas da aula.	Observação e registro das violações às regras e normas por meio de formulário realizado pelo professor. Questionário de autoavaliação: a) Ajudei meu colega durante as aulas? b) Respeitei as normas da aula? c) Cuidei dos materiais? d) Respeitei meu colega durante as aulas? e) Permaneci nas aulas, mesmo perdendo ou não conseguindo realizar as atividades? f) Tentei resolver problemas que apareceram nas aulas por meio de diálogo?
3B. Escutar os colegas em silêncio e não gozar das falas dos outros. 3C. Número de alunos que apresentam opiniões para a construção dos jogos.	Observação da roda de conversa e dos pequenos grupos e registro do professor.

Resultados

A unidade didática foi realizada em 29 aulas, perfazendo um total de quatro meses de duração.

Dimensão conceitual

- 1A. No início da unidade didática, os alunos relacionaram 13 jogos/brincadeiras envolvendo as habilidades que seriam trabalhadas e, ao final, listaram 24 jogos/brincadeiras (aumento de 85%).
- 1B. Entre os jogos listados por eles e levados pelos professores, os alunos vivenciaram 35 jogos/brincadeiras (69% mais do que os listados inicialmente).
- 1C e D. Feito o trabalho de colagem no início da unidade didática, 70% das figuras estavam de acordo com a solicitação feita (atividades de locomoção e manipulação). Já ao final da unidade didática, foi montado um painel de profissões (60 figuras), em que os alunos

deveriam identificar as habilidades trabalhadas nesta unidade didática, e 93% deles conseguiram identificar as habilidades trabalhadas, bem como sua importância.

Dimensão procedimental

- 2A. Na avaliação inicial dos alunos, no teste motor, foram obtidos os seguintes resultados:
  - Correr: 16% com nota 1 e 84%, nota 2.
  - Rebater: 58% com nota 1 e 42%, nota 2.
  - Receber: 75% com nota 1 e 25%, nota 2.
  - Saltar: 8% com nota 1, 84%, nota 2 e 8%, nota 3.
  - Rolar: 26% com nota 1 e 74%, nota 2.

- Na avaliação final, os alunos alcançaram os seguintes níveis:
  - Correr: 37,5% com nota 2 e 62,5%, nota 3.
  - Rebater: 50% com nota 1; 37,5%, nota 2; e 12,5%, nota 3.
  - Receber: 62,5% com nota 2 e 37,5%, nota 3.
  - Saltar: 62,5% com nota 2 e 37,5%, nota 3.
  - Rolar: 25% com nota 2 e 75%, nota 3.

- Comparando os resultados finais com os iniciais, pudemos observar que, em média, 72,5% dos alunos apresentaram evolução, enquanto 27,5% mantiveram as notas iniciais.

Dimensão atitudinal

- 3A. Na observação dos professores com relação ao respeito, à compreensão e ao cumprimento às regras no início, 30% ficaram com nota 3 (de vez em quando) e 70%, com nota 5 (sempre). Após a realização da unidade didática, 100% ficaram com nota 5, mostrando uma evolução significativa por toda a turma. Na autoavaliação, detectou-se que 40% ajudam sempre os colegas, enquanto 60% ajudam de vez em quando. Quanto a respeitar as normas e os colegas, 70% ficaram com nota 5 (sempre) e 30%, nota 3 (de vez em quando). Quanto a cuidar dos materiais, 60% ficaram com nota 5 (sempre) e 40%, nota 3 (de vez em quando). Quanto a permanecer nas atividades até o final, mesmo não conseguindo realizar as atividades corretamente, os alunos apontaram como 100%, com o qual concordamos, pois é uma turma na qual não há problemas entre os alunos. Com relação a tentar resolver problemas que surjam no decorrer das aulas por meio do diálogo, como dissemos anteriormente, por ser uma turma tranquila, isso acontece com todos os alunos.

- **3B.** No item *participar dando opinião*, inicialmente, 40% tiveram notas 2 (quase nunca) e 60%, nota 3 (de vez em quando). Já na avaliação final da unidade didática, 40% tiveram notas 3 e os outros 60%, notas 4 (quase sempre), mostrando uma grande evolução por parte dos alunos.
- **3C.** Nas rodas de conversa, os alunos que participam com opiniões são 80% (sempre) e 20% (nunca) o que também são números significativos, levando em consideração a faixa etária.

Aspectos facilitadores

A turma pequena (poucos alunos) e interessada facilitou o trabalho realizado, assim como o estabelecimento de rotina e procedimentos da aula, como roda de conversa, reflexões e apresentação de opiniões etc.

Dificuldades apresentadas

A realização dos testes motores individuais consumiu muito tempo da unidade didática e não despertou o interesse das crianças, que dispersavam e não seguiam as orientações para a execução do teste.

Unidade didática 10

Local

EMEF Campos Salles – Polo Heliópolis

Período de realização

Março a junho de 2008

Professores responsáveis

Rodrigo Paiva e Allan Aparecido

Faixa etária ou série

13 e 14 anos

Objetivo geral

Contribuir para a formação do jovem como cidadão crítico, participativo e transformador de sua realidade.

Tema

Cidadania – Participação comunitária

Expectativas de aprendizagem

Dimensão conceitual

- Espera-se que os alunos saibam o que é e como fazer um plano de ação e que conheçam um modelo e saibam alguns elementos obrigatórios deste.

Dimensão procedimental

- Realizar ações de melhora no Núcleo.
- Espera-se que os alunos pesquisem o que é plano de ação, que o construam, que realizem ações de melhora desse plano de ação e que o apresentem.

Dimensão atitudinal

- Espera-se que os alunos valorizem a importância de melhorar o Núcleo, que valorizem suas construções, que cooperem na realização das ações de melhora e que respeitem as diferentes opiniões.

Estratégias/atividades: desenvolvimento da unidade didática

A organização utilizada para o desenvolvimento desta unidade didática foi distribuir as estratégias na linha do tempo, buscando atingir os objetivos em quatro meses, subdivididos em ações semanais da seguinte forma:

Março

- **1ª semana**: identificação dos conhecimentos prévios: quem participou da construção de planos de ação no ano anterior? Algum aluno conhece ou sabe o que é um plano de ação? Solicitação de pesquisas sobre o que são estruturas de planos de ação realizada ao término das atividades esportivas do dia.
- **2ª semana**: comparação dos planos encontrados pelos alunos e do plano trazido pelos professores. Confecção de um plano único a partir das comparações.
- **3ª e 4ª semanas**: levantamento de aspectos do núcleo que precisam e podem ser melhorados. Em todas as aulas dessas duas semanas, recolhíamos dos alunos os pontos levantados e discutíamos em conjunto a necessidade *vs.* a possibilidade de realizar intervenções.

Obs.: O que caracteriza a organização do planejamento por unidades didáticas é a flexibilidade. Nesse momento, os professores realizaram um ajuste. O período de duas semanas, planejado para esse levantamento e essas discussões com o grupo, não foi suficiente por dois motivos:

- Não foi imediato o envolvimento dos alunos nesse levantamento. Na primeira aula, ninguém trouxe pontos a serem melhorados.
- Alguns aspectos levantados pelos alunos não eram possíveis de serem realizados: cobrir a quadra, remover uma árvore, cercar a quadra. Demos continuidade nas primeiras semanas de abril.

Abril

- **1ª semana**: levantamento de aspectos do Núcleo que precisavam e poderiam ser melhorados.
- **2ª semana**: levantamento de aspectos do Núcleo que precisavam e poderiam ser melhorados e separação dos alunos em grupos de quatro integrantes, por aspectos identificados. Alguns desses as-

pectos apareceram com frequência entre os alunos, permitindo agrupamentos por assuntos, como pintar a quadra e distribuir lixeiras nas quadras. Construção dos planos de ação nos 15 minutos finais das aulas dessas semanas, utilizando a estrutura construída em conjunto com componentes trazidos pelos professores, acrescidos de motivos e estratégias.
- 3ª e 4ª semanas: construção dos planos de ação nos 15 minutos finais das aulas dessas semanas.

Obs.: Novamente os professores tiveram de reajustar a unidade, pois os alunos não concluíram os planos de ação até o fim de abril, como haviam planejado. Dessa forma, transferiu-se para a semana seguinte a conclusão dessa etapa. Assim, esta unidade didática exemplifica bem a dinâmica do trabalho de planejamento que recorre a sucessivos ajustes em direção aos objetivos pretendidos.

Maio

- 1ª e 2ª semanas: conclusão dos planos de ação.
- 3ª semana: apresentação dos planos de ação construídos pelos grupos e debate entre os grupos para determinar a ordem de prioridades das ações levantadas (nesse dia não houve atividade esportiva).
- 4ª semana: apresentação dos planos confeccionados pelos alunos de 13 e 14 anos aos de 11 e 12 anos. Os alunos de 11 e 12 anos sabiam que os mais velhos estavam construindo planos de intervenção no Núcleo e que seriam visitados quando os planos estivessem concluídos. Um representante de cada grupo da turma de 13 e 14 anos visita a aula dos mais novos para apresentar seus planos (dois por aula para não atrapalhar o andamento das atividades esportivo-educacionais da turma mais nova).

Junho

- **1ª semana**: apresentação dos planos feitos. Um representante de cada grupo da turma de 13 e 14 anos visita a aula dos mais novos para apresentar seu plano (dois por aula para não atrapalhar o andamento das atividades esportivo-educacionais da turma mais nova).
- **2ª semana**: assembleia de apresentação dos planos de ação à direção e à coordenação do colégio.
- **3ª e 4ª semanas**: realização das primeiras ações de melhora propostas nos planos de ação por ordem de prioridades elencadas pelos alunos.

Indicadores e instrumentos de avaliação

Indicadores	Instrumentos
Conceitual Saber o que é um plano de ação e para que serve; Tipos diferentes de estruturas de planos de ação.	Observação e registro no diário de bordo do professor.
Procedimental Número de planos de ação construídos; Qualidade dos planos de ação.	Planos de ação construídos pelos alunos.
Tipo e quantidade de ações levantadas para melhora do Núcleo.	Lista de ações, registro dos alunos.
Qualidade das ações de melhoras realizadas; Número de alunos envolvidos nas ações de melhora.	Fotos comparativas e diário de bordo do professor (relato).
Número de alunos/grupos que participaram do debate dos planos.	Lista de presença dos alunos participantes no debate.
Respeito às diferentes opiniões nos debates; Número de apresentações aos mais novos e assembleia com coordenação.	Observação e relatório do debate e diário de bordo do professor.

Resultados

Conceitual

Uma estratégia diferenciada foi apresentar um modelo de estrutura do plano de ação e construir junto com os alunos um plano único que orientaria nossa unidade. No início, os professores perguntaram quem sabia o que era um plano de ação e quem havia participado dessa construção no ano anterior; apenas quatro alunos participaram e souberam explicar o que é um plano de ação. No fim desse período, perguntamos novamente e 15 alunos disseram o que era um plano de ação e para que servia. De uma turma de 18 alunos, mais de 90% souberam responder. Durante o período de realização desta unidade, quatro alunos trouxeram diferentes estruturas de planos de ação que serviram como parte integrante do plano unificado feito pelo grupo.

Procedimental

Foram construídos 13 planos de ação individuais, que depois foram convertidos em quatro planos de grupo. Os principais pontos convergentes foram, já em ordem de prioridades:

1. Pintura da quadra.
2. Mudança dos espaços onde são guardados os materiais.
3. Limpeza da quadra.
4. Funcionários da escola que não limpavam a quadra.
5. Crianças que entravam na quadra durante os intervalos.
6. Colocação de lixeiras na quadra.
7. Monitoria para alunos mais novos.

- 1 e 3: foram realizados imediatamente após a aprovação da direção. Limpamos a quadra, captamos recursos na comunidade (tinta, pincéis, rolos, fitas etc.) e efetivamos sua pintura (oito alunos envolvidos).
- 2: na primeira semana de julho, assim que a escola liberou uma sala para que guardássemos nossos materiais, fizemos a mudança. Saímos de um pequeno armário do almoxarifado e agora ocupávamos uma sala de aproximadamente 10 m² (13 alunos envolvidos).

- 4: a direção ordenou aos funcionários da limpeza que limpassem a quadra ao menos uma vez por quinzena (ainda era pouco, mas até então, a quadra nunca havia sido varrida).
- 5 e 6: nenhuma ação foi realizada ainda para atender a esses aspectos.
- 7: três alunos passaram a fazer a monitoria dos alunos mais novos. No debate sobre os planos, tivemos a presença de 13 alunos (total de 18 = 72% dos alunos presentes) e na apresentação dos planos de ação à turma de 11 e 12 anos, tivemos quatro alunos, cada um representando um grupo que construiu um plano, portanto, todos os grupos foram representados.

Atitudinal

Considerando os objetivos de valorizar suas construções e dar importância às melhoras do Núcleo, os professores consideraram que os objetivos foram atingidos, uma vez que a maioria dos alunos se envolveu na construção e na execução dos planos de ação. Com o objetivo de cooperação, acreditamos ter atingido parcialmente nossos objetivos, pois tivemos envolvimento de aproximadamente 60% dos alunos na realização das ações. Por fim, com o objetivo de estabelecer o respeito às diferentes opiniões, acreditamos ter atingido totalmente nossos objetivos. Durante o debate, não foi evidenciado nenhum sinal de desrespeito, ofensa ou descrédito às construções, e sobretudo identificamos um alinhamento entre as ideias com o objetivo de promover melhoras a todos, deixando de lado as preferências e as diferenças individuais, considerando o bem coletivo.

Relato dos professores

Contribuir para a formação do jovem como cidadão crítico, participativo e transformador de sua realidade foi o objetivo geral que norteou o trabalho desta unidade didática. O desenvolvimento do tema *cidadania* já faz parte do cotidiano das aulas há alguns anos e tem como foco uma reflexão sobre a qualidade e as condições da estrutura física, das aulas pedagógicas e de convivência no Núcleo Campos Salles. No primeiro semestre de 2007, iniciamos uma discussão com os alunos de 13 a 14 anos sobre a forma como desenvolveríamos o tema *Cidadania*. Inicialmente, pensamos em construir planos de ação[2] que visavam identificar, manter e divulgar aspectos positivos do Núcleo, além de identificar, propor e realizar ações de melhora no Núcleo.

Embora tenhamos conseguido um envolvimento inicial dos alunos nessa proposta, cometemos um erro que comprometeu o andamento da unidade e que gerou, lentamente, um desinteresse pelo tema. Esperávamos que os alunos realizassem as ações de forma autônoma, mas nosso entendimento sobre autonomia foi equivocado, pois construímos propostas junto com os alunos e, no momento de efetivarmos as ações levantadas, esperamos de forma passiva que eles, por si só, realizassem tudo.

Após refletirmos conjuntamente, professores, coordenadores e alunos, decidimos que o tema era relevante e significativo, que os objetivos da unidade não haviam sido alcançados naquele ano e, principalmente, que os alunos deveriam ser acompanhados de perto pelo professor durante todo o processo, da construção de propostas à aplicação efetiva das ações.

Diante dessa perspectiva de *fazer com* os alunos, e não de *fazer para* eles, retomamos a unidade didática no primeiro semestre de 2008, tendo atividades planejadas de março a junho.

Os objetivos específicos desta unidade didática foram a construção de planos de ação e a realização de melhoras sustentáveis no núcleo.

Aspectos que facilitaram

- Maior envolvimento dos jovens na construção do plano (comparado com a tentativa do ano anterior).

---

[2] Em nossa primeira estratégia de construção de planos de ação, esperávamos apenas que fossem levantados e registrados os aspectos positivos e a serem melhorados do Núcleo Campos Salles. Cada aluno faria como quisesse seu registro, que deveria conter apenas o nome dos integrantes do grupo e os aspectos de intervenção identificados.

- Apoio da direção durante o processo de construção, aprovação e aplicação das ações do plano.
- Motivação dos alunos na apresentação do plano construído para alunos mais novos.
- Expectativa dos alunos na concretização das ações.
- Acompanhamento dos professores durante todo o processo, da construção das propostas à realização das ações de melhora.

Dificuldades encontradas

- Organizar uma data para a assembleia com a direção.
- Realizar a mudança da sala de materiais na mesma semana da pintura da quadra.
- Envolver todos os alunos em todas as ações.

Unidade didática II

Local

EMEF Eliete Sanfins – Núcleo Porto Seguro – Polo Itatiba

Período de realização

Março a junho de 2008

Professores responsáveis

Soraya Menezes e Caio Busca

Faixa etária ou série

13 e 14 anos

Objetivos gerais

- Desenvolver competências e habilidades psicomotoras, socioafetivas e cognitivas.
- Contribuir para a formação do jovem como cidadão crítico, participante e transformador de sua realidade.

Tema

Esportes

Expectativas de aprendizagem: desenvolvimento da unidade didática

Dimensão conceitual

Conhecer as regras e os fundamentos do voleibol e suas variações.

Dimensão procedimental

Executar os fundamentos do voleibol e suas variáveis e construir e adaptar regras de jogos para o envolvimento do grupo.

Dimensão atitudinal

Respeitar o limite pessoal e dos colegas, colaborando com eles durante as atividades.

Estratégias/atividades: desenvolvimento da unidade didática

Roda de conversa inicial para apresentação das atividades do dia e dos objetivos da aula, realizada em todos os encontros.

Avaliação inicial

- Levantamento prévio sobre os conhecimentos e a execução dos fundamentos do voleibol. Para tanto, foi proposto um jogo para a observação do professor e o diagnóstico inicial.
- Em um segundo momento, observaram-se os alunos em outro grupo com o objetivo de identificar os fundamentos, relacionando o

conceito com os gestos. Para tanto, aplicou-se um teste de habilidades motoras do voleibol. Com base nos resultados, houve uma devolutiva sobre as observações dos alunos e uma discussão em grupo.
- Vivência dos jogos saque-boliche e rede humana com variações, apresentados pelos professores.
- Levantamento e elaboração de lista de jogos pelos alunos, por meio da identificação com o voleibol.
- Prática de jogos apresentados pelo professor, como toque em trios. No primeiro momento, as regras foram as dos professores e, no segundo momento, foram construídas pelos alunos.
- Vivência dos jogos levantados na lista de jogos dos alunos realizados por escolha:
  - 1º: Futebol.
  - 2º: Handebol.
  - 3º: Queimada.
  - 4º: Três cortes.
  - 5º: Tênis.
  - 6º: Toquinho.
  - 7º: Futvôlei.

- Todos os jogos foram reconstruídos pelos alunos, criando novas regras e envolvendo fundamentos do voleibol.
- Vivência de jogos apresentados pelos professores:
  - Voleibol dos números. O jogo inicia com duas equipes, com seis jogadores de cada lado e 25 pontos para cada equipe. A equipe que perder os 25 pontos primeiro perde o jogo.
  - Jogo do resgate com variações.
  - Limpa-casa e voleibol no escuro.
  - Voleibol oficial.
  - Jogo da manchete em trios.
  - Jogo voleibol-tênis.
  - Voleibol quarteto.

Avaliação final

- Reflexão com os alunos sobre suas atitudes e seus comportamentos durante o período de desenvolvimento da unidade didática, com aplicação de questionário de autoavaliação.
- Realização de jogo de voleibol para a observação dos alunos quanto às atitudes e aos fundamentos.
- Aplicação de questionário para levantamento final da unidade didática sobre o que conheciam do voleibol.
- Realização de teste de habilidades motoras do voleibol.

Indicadores e instrumentos de avaliação

Dimensão conceitual

Indicador	Instrumento
Comparação entre os conhecimentos do voleibol no início e no final da unidade didática a partir da questão: O que você sabe sobre o voleibol?	Questionário de autoavaliação.
Número de jogos levantados pelos alunos relacionados ao voleibol.	Lista de jogos feita pelos alunos.

Dimensão procedimental

Indicador	Instrumento
Nível de desenvolvimento na execução das seguintes habilidades motoras do voleibol: • Toque. • Manchete. • Bloqueio. • Cortada. • Saque. Os alunos foram avaliados nas seguintes categorias: 1. não consegue realizar o movimento; 2. realiza o fundamento com dificuldade e grande número de erros; 3. realiza o movimento com domínio e segurança.	Teste de habilidades motoras do voleibol.
Número de jogos adaptados e vivenciados pelos alunos.	Lista dos alunos de jogos por eles adaptados e lista dos professores.

Dimensão atitudinal

Indicador	Instrumento
Nível de evolução de: • Participa na roda de conversa. • Coopera com quem não sabe jogar. • Toma iniciativa para escolher grupo. • Guarda material e monta rede. • Participa da aula até o final, motivado. • Cumpre o combinado na aula inicialmente. • Reconhece o fato de ganhar ou perder sem agredir ou humilhar o colega. • É cooperativo – pensa coletivamente. • Respeita colegas de equipe de jogo e adversário. Os alunos foram avaliados nas seguintes categorias: 1. Nunca; 2. Quase nunca; 3. Às vezes; 4. Quase sempre; 5. Sempre.	Ficha de observação do professor; Questionário de autoavaliação dos alunos.

Resultados

No indicador *comparação entre os conhecimentos do voleibol no início e no final da unidade didática*, a partir da questão: o que você sabe sobre o voleibol?, na avaliação inicial, 100% dos alunos listaram que conheciam seus fundamentos. Após o desenvolvimento das atividades da unidade didática, na avaliação final, os alunos foram questionados novamente, e 100% deles citaram mais de uma resposta, sendo elas: regras, fundamentos, modificações ocorridas nas regras, tipos de jogos (quadra e praia) e situações de jogo (rodízio, que tem um levantador).

No indicador *número de jogos adaptados e vivenciados pelos alunos*, inicialmente foram listados dez jogos que se pareciam com o voleibol. O curioso é que nessa lista surgiram o futebol, o handebol, o basquetebol, entre outros. Questionados sobre o porquê de esses jogos serem parecidos com o voleibol, os alunos disseram que, no futebol, o goleiro usava as mãos, rebatia a bola e que no handebol e no basquetebol também eram utilizadas as mãos e os jogadores se deslocavam o tempo todo. Na avaliação final, foram listados 24 jogos, havendo um aumento de 140% no conhecimento de outros jogos. Os alunos vivenciaram 19 jogos, desses 69% foram levados pelos professores e 31% listados pelos alunos.

Na avaliação procedimental inicial, realizou-se o teste de habilidades do voleibol, obtendo-se os seguintes resultados:

- Toque: 68% dos alunos (1); 28% dos alunos (2); e 3% dos alunos (3).
- Saque: 13% dos alunos (1); 81% dos alunos (2); e 6% dos alunos (3).
- Bloqueio: 18% dos alunos (1); 72% dos alunos (2); e 10% dos alunos (3).
- Manchete: 87% dos alunos (1); e 13% dos alunos (2).
- Cortada: 16% dos alunos (1); 78% dos alunos (2); e 16% dos alunos (3).

Na avaliação final, as respostas foram:

- Toque: 7,7% dos alunos (1); 69,3% dos alunos (2); e 23% dos alunos (3).
- Saque: nenhum aluno (1); 50% dos alunos (2); e 50% dos alunos (3).
- Bloqueio: 7,7% dos alunos (1); 54% dos alunos (2); e 38,3% dos alunos (3).
- Manchete: 34,6% dos alunos (1); 50% dos alunos (2); e 15,4% dos alunos (3).
- Cortada: nenhum aluno (1); 58% dos alunos (2); e 42% dos alunos (3).

Por meio dos resultados mencionados, podemos concluir que houve uma grande melhora tanto nos conhecimentos sobre voleibol quanto em seus fundamentos.

Na avaliação atitudinal inicial e final, com a observação e o registro do professor, verificou-se que quanto a:

Participar na roda de conversa
- Avaliação inicial: 38% entre (1) e (2) e 62% entre (3) e (5).
- Avaliação final: 8% entre (1) e (2); 92% entre (3) e (5); 46% entre (1) e (2); e 54% entre (3) e (4).

Cooperar com quem não sabe jogar
- Avaliação inicial: 12% entre (1) e (2); e 88% entre (3) e (5).
- Avaliação final: 0% entre (1) e (2); e 100% entre (3) e (5).

Tomar iniciativa para escolher grupo na avaliação
- Avaliação inicial: 31% entre (1) e (2); e 69% entre (3) e (5).
- Avaliação final: 9% entre (1) e (2); e 91% entre (3) e (4).

Guardar material e montar rede
- Avaliação inicial: 0% entre (1) e (2); e 100% entre (3) e (5).
- Avaliação final: 100% entre (3) e (5).

Participar na aula até o final, motivado
- Avaliação inicial: 13% entre (1) e (2); e 87% entre (3) e (5).
- Avaliação final: 0% entre (1) e (2); e 100% entre (3) e (5).

Cumprir o combinado na aula inicialmente
- Avaliação inicial: 4% entre (1) e (2); e 96% entre (3) e (4).
- Avaliação final: 0% entre (1) e (2); e 100% entre (3) e (5).

Reconhecer o fato de ganhar ou perder sem agredir ou humilhar o colega
- Avaliação inicial: 7% entre (1) e (2); e 93% entre (3) e (5).
- Avaliação final: 0% entre (1) e (2); e 100% entre (3) e (5).

Cooperar e pensar coletivamente
- Avaliação inicial: 9% entre (1) e (2); e 91% entre (3) e (5).
- Avaliação final: 0% entre (1) e (2); e 100% entre (3) e (5).

Respeitar colegas de equipe de jogo e adversário
- Avaliação inicial: 38% entre (1) e (2); e 62% entre (3) e (4).
- Avaliação final: 5% entre (1) e (2); e 95% entre (4) e (5).

Na autoavaliação, em que foram utilizados os mesmos critérios de observação do professor descritos acima, obteve-se as seguintes respostas:

- 10% entre (1) e (2); e 90% entre (3) e (5)
- 100% entre (3) e (5).
- 100% entre (3) e (5).
- 100% entre (3) e (5).
- 10% entre (1) e (2); e 90% entre (3) e (5).
- 100% entre (3) e (5).
- 10% entre (1) e (2); e 90% entre (3) e (5).
- 5% entre (1) e (2); e 95% entre (3) e (5).
- 100% entre (3) e (5).
- 100% entre (3) e (5).

Após a observação do grupo no final, pudemos fazer a comparação entre as observações dos professores e a autoavaliação dos alunos, concluindo que os objetivos propostos foram alcançados: os alunos, após as aulas da unidade didática, tornaram-se mais participativos, passaram a ajudar mais nas aulas, havendo uma mudança de atitude significativa.

Aspectos facilitadores

O grupo é composto por 80% de alunos que estão completando dois anos de projeto e os outros 20% que são novos. Após o trabalho realizado na unidade didática, eles passaram a compreender a essência do projeto, sendo um grupo bastante dinâmico e participativo. Os alunos estiveram dispostos a mudar de comportamento para uma melhor convivência em grupo e para uma aula melhor.

Dificuldades apresentadas

No início da unidade didática, 20% dos alunos apresentaram problemas de indisciplina – eram alunos novos –, lideranças negativas para com o grupo, demonstravam falta de respeito para com os colegas e os professores, não cumpriam as regras combinadas, fazendo que as atividades não se completassem em uma aula.

Referências

Referências

Barbieri, C. A. S.; Oliveira, P. C.; Moraes, R. M. (Org.). *Esporte Educacional*: uma proposta renovada. Recife: UPE – ESEF e Ministério Extraordinário do Esporte/INDESP, 1996.

Brasil. Ministério da Educação. *Parâmetros Curriculares Nacionais* – Educação Física. Volume 7. Brasília: MEC, 1998.

Brotto, F. O. *Jogos cooperativos*: o jogo e o esporte como um exercício de convivência. Santos: Projeto Cooperação, 2001.

Cortella, M. S. *Não nascemos prontos!* Provocações filosóficas. Rio de Janeiro: Vozes, 2006.

Coll, C.; Palacios, J.; Marchesi, A. *Desenvolvimento Psicológico e Educação*. Psicologia da Educação Escolar. Porto Alegre: Artmed, 1996.

Coll, C. et al. *Psicologia do Ensino*. Porto Alegre: Artmed, 2000.

Delors, J. In: UNESCO. *Educação, um tesouro a descobrir.* Relatório para a UNESCO da Comissão Internacional sobre Educação para o século XXI. São Paulo/Brasília: Cortez/MEC, 1998.

Freire, J. B. *Pedagogia do Futebol.* Londrina: Midiograf, 2002.

_____. Esporte Educacional. In: Congresso Latino-Americano de Educação Motora, 1., Foz do Iguaçu, 1998. *Anais do Congresso Brasileiro de Educação Motora.* Campinas: Unicamp: FEF/DEM, 1998, p. 106-8.

Korsakas, P.; Rose Jr., D. Encontros e desencontros entre esporte e educação: uma discussão filosófico-pedagógica. *Revista Mackenzie de Educação Física e Esporte*, v. 1, n. 1, p. 83-93, 2002.

MACEDO, L. *Ensaios Pedagógicos*: como construir uma escola para todos? Porto Alegre: Artmed, 2005.

PERRENOUD, P. *A prática reflexiva no ofício de professores*: profissionalização e razão pedagógica. Porto Alegre: Artmed, 2002.

_____. *10 novas competências para ensinar.* Porto Alegre: Artmed, 2002.

ROSSETTO JR., A. J. et al. *Jogos educativos*: estrutura e organização da prática. 4. ed. São Paulo: Phorte, 2008.

SACRISTÁN, J. G. *O Currículo, uma reflexão sobre a prática.* Porto Alegre: Artmed, 2000.

TAILLE, Y. L.; KOHL, M.; DANTAS H. *Piaget, Vygotsky e Wallon* – Teorias Psicogenéticas em discussão. São Paulo: Summus Editorial, 1992.

TUBINO, M. G. *As dimensões sociais do Esporte.* São Paulo: Cortez/Autores Associados, 1992.

ZABALA, A. *A Prática Educativa, como ensinar.* Porto Alegre: Artmed, 1998.

ZABALZA, M. *Planificação e desenvolvimento curricular na escola.* Porto: Editora do Porto, 2000.

Apêndice

Apêndice A

Unidade Didática

Instrumento de gestão pedagógica	
Unidade didática	
Turma: 7 a 10 anos	Professor (a): Mafalda Juliana	Período de realização: Fevereiro a junho de 2008
Objetivo geral: Desenvolver competências e habilidades psicomotoras, socioafetivas e cognitivas.	
Tema: Cultura – Jogos e Brincadeiras	

Expectativas de aprendizagem
Conceitual: conhecer novos jogos e brincadeiras e suas variações, socializando e ampliando o repertório de práticas da cultura corporal; comparar e classificar os jogos e brincadeiras valendo-se de critérios como número de jogadores (quantidade de pessoas), tipo de material, forma de manuseio, espaço necessário para jogar, tempo de duração do jogo, origem da brincadeira etc.; identificar jogos e brincadeiras que podem ser jogados com familiares e colegas fora da escola.
Procedimental: realizar os jogos e brincadeiras escolhidos, socializando seus saberes e suas habilidades; adaptar e reconstruir os jogos e as brincadeiras às condições da escola e do grupo (número de crianças, espaço, tempo, qualidade e quantidade do material etc.); planejar e executar novas formas e estratégias de jogar, melhorando e desenvolvendo suas habilidades motoras para jogar "certo" e "bem"; montar um painel de registros (fotos, desenhos e textos) dos jogos e brincadeiras mostrando os jogos que conheciam no início da sequência e os novos jogos aprendidos durante o desenvolvimento do projeto.
Atitudinal: respeitar e valorizar as diferentes formas de brincar sugeridas pelos colegas e professor. Perceber e respeitar as diferentes formas de jogar e brincar como manifestações da cultura local, da individualidade e da forma de ser de cada um; reconhecer e validar as aulas como um espaço de participação e construção coletiva; apreciar e valorizar o diálogo como forma de construir espaços interessantes de integração e convívio em grupo; jogar de forma cooperativa e com mais autonomia, sem a interferência constante do professor na solução e no encaminhamento dos conflitos.

Continua

Continuação

Estratégias/atividades	Dias de Aula:																
	Fevereiro		Março				Abril				Maio				Junho			
	15	18	29	3	7	10	31	4	18	25	28	12	16	19	26	30	2	6	16	20	23	27	30
Roda de conversa; apresentação da sequência didática e expectativas de aprendizagem para as alunas e os alunos.	x	x																					
Avaliação diagnóstica (inicial) e levantamento dos jogos e brincadeiras conhecidos pelas crianças. Quais as brincadeiras que vocês conhecem? Onde e com quem vocês brincam dentro e fora da escola? O que precisamos para jogar estes jogos? Quais os jogos e brincadeiras que vocês gostariam de conhecer?	x	x																					
Elaboração coletiva de um painel com o registro dos diferentes jogos e brincadeiras conhecidos pelos alunos. Classificação de acordo com os critérios: número de jogadores (quantidade de pessoas), tipo de material, forma de manuseio, espaço necessário para jogar, tempo de duração do jogo, origem da brincadeira etc.			x	x					x	x						x					x		
Elaboração de uma linha do tempo com os jogos e as brincadeiras que serão estudados durante as diferentes etapas de realização do projeto.			x	x																			

Continua

Continuação

Realização e experimentação das brincadeiras sugeridas pelos alunos e programadas na linha do tempo (queimada da vida, queimada duro-ou-mole, esconde-esconde, rouba-bandeira, rela-ajuda e mãe da rua).	x	x	x	x														
Avaliação dos jogos e das brincadeiras estudados na primeira etapa da unidade didática no que se refere à atitude das crianças: vocês aprenderam a jogar de forma cooperativa? Vocês acham que são capazes de jogar sozinhos, sem que a professora necessite apitar os jogos?					x													
Vivência e experimentação das brincadeiras sugeridas pelos alunos e programadas na linha do tempo para a segunda etapa da sequência (duro-ou-mole, futebol, jogo do pingo, jogo do taco, pipas e barra-manteiga).						x x x	x x x											
Avaliação processual com base na observação e nos registros do professor e foco nas expectativas e nos indicadores de aprendizagem.									x x									
Levantamento das dificuldades encontradas na realização dos jogos e proposição de novas estratégias para a realização dos jogos programados para essa etapa do projeto.									x									
Vivência e experimentação das brincadeiras sugeridas pelos alunos e programadas na linha do tempo para a terceira etapa da sequência (bolinha de gude, bola no aro, voleibol, basquete, pega-pega corrente e carimbador maluco).									x x x	x x x	x							

Continua

Continuação

Realização de uma síntese dos principais jogos estudados.						x	x	x
Experimentação de alguns jogos e brincadeiras novos trazidos pelo professor (elástico e rodopio).			x	x				
Finalização do painel de jogos e brincadeiras.							x	x
Avaliação final da aprendizagem dos alunos, com base nos indicadores selecionados e com a utilização dos instrumentos de registro e observação.							x	x

Avaliação

Instrumentos	Indicadores
Ficha de observação do professor	Comportamento dos alunos: 1. O aluno auxilia os outros e é cooperativo? 2. Joga sozinho sem a interferência do professor? 3. Lidera positivamente o grupo na resolução de problemas ou desafios? Obs.: Escala de avaliação de 1 a 5: 1. Nunca; 2. Quase nunca; 3. Às vezes; 4. Quase sempre; 5. Sempre.
Painel de jogos e brincadeiras (registros, fotos e desenhos)	1. Número de jogos e brincadeiras estudados; 2. Número de jogos e brincadeiras novos para os alunos; 3. Qualidade da elaboração e manutenção do painel coletivo.
Lista de chamada	Número de alunos presentes e participantes em cada aula.

Continua

Continuação

Diário de bordo – caderno de registros das observações realizadas pelo professor durante as aulas	Qualidade da participação dos alunos nos encaminhamentos da ação educativa: 1. As crianças aprenderam a jogar sozinhas? 2. Aprenderam a se organizar em grupo, de forma coletiva e cooperativa? 3. Constituíram-se no grupo lideranças positivas para a resolução de problemas e desafios? 4. Os materiais estavam sendo cuidados e guardados pelas próprias crianças durante e depois das aulas? 5. Houve qualidade da adaptação e reconstrução dos jogos e brincadeiras? 6. As brincadeiras realmente aconteceram? 7. As crianças passaram a conhecer e a inventar diversas formas de brincar com os jogos estudados? 8. As crianças finalizaram a sequência sabendo mais sobre a cultura de jogos e brincadeiras (novas brincadeiras, origem destas, evolução ao longo do tempo etc.)? 9. Qual a quantidade de conflitos e intervenções do professor durante a realização dos jogos e brincadeiras?
Resultados: Gráficos – Avaliação diagnóstica	Gráficos 3.1, 3.2 e 3.3
Resultados: Gráficos – Avaliação final	Gráficos 3.4, 3.5 e 3.6

Continua

Continuação	
Resultados: Avaliação do objetivo de aprendizagem (gráficos)	Com o passar do tempo, percebemos alguns avanços na postura das crianças. Em algumas aulas, notamos que estávamos interferindo menos nos jogos das crianças e elas jogavam demonstrando entendimento e clareza da rotina e estrutura dos jogos. Na função de professores deste grupo aprendemos que os jogos e brincadeiras precisavam ser jogados durante algum tempo, para permitir que os alunos compreendessem como era o funcionamento do jogo. É um equívoco aclarar que o importante é a quantidade de jogos e não a qualidade. Finalizamos este projeto acreditando que é melhor as crianças jogarem poucos jogos, mas aprendê-los, do que jogar muitos jogos com superficialidade e, no final, não saber jogar bem nenhum deles. Aprendemos também que os jogos em pequenos grupos são importantes para que as crianças consigam conversar e escutar uns aos outros. Os jogos em grandes grupos exigem, as vezes, um alto nível de descentração, para o qual as crianças ainda não estão preparadas. Na avaliação final, quando voltamos a observar as crianças individualmente, percebemos que a média dos alunos em todos os indicadores evoluiu. A educação de atitudes não é algo simples e que acontece de uma hora para outra. Além disso, as crianças vivem nos mais diversos ambientes, com as mais diversas pessoas. A evolução nos indicadores avaliados foi visível, oferecendo-nos dados importantes sobre a qualidade da metodologia utilizada. Os dados mostram que é possível educar atitudes e que uma educação para a autonomia está atrelada a uma escola em que predomine relações de diálogo e colaboração. Em síntese, quanto mais oportunidades as crianças tiverem de experimentar relações dialógicas, maior será a chance de desenvolverem atitudes autônomas nos diferentes ambientes onde vivem, como a escola.
Aspectos facilitadores	O envolvimento dos alunos em todas as aulas. Os jogos escolhidos motivaram as crianças que se mantiveram interessadas e comprometidas com as propostas. O planejamento prévio das aulas e o acompanhamento sistemático das ações foram importantes na organização da sequência para que pudéssemos dar conta dos conteúdos selecionados dentro do tempo disponível. A utilização do diário de bordo e planos de aula ajudou muito no processo de avaliação da sequência didática. Os registros ajudaram a dar foco nas observações e olhar com mais atenção para os indicadores de avaliação. Estes registros também ajudaram a avaliar a nossa prática, especialmente na regulação das ações e estratégias que utilizávamos durante as aulas. As reuniões pedagógicas e o tempo que tivemos disponível para planejar as aulas foram importantes para garantir a qualidade de nossa ação pedagógica.

Continua

continuação

Dificuldades apresentadas	Educar as crianças em um ambiente em que prevaleça o diálogo e a cooperação não é tarefa fácil, na medida em que nós, professores, não somos formados e educados nessa concepção. É preciso estudar bastante e aprimorar a cada dia o processo de planejamento, observação e regulação das ações. As expectativas de aprendizagem eram diversas, o que dificultou um pouco a nossa ação pedagógica. Durante o projeto, ficamos preocupados em perder o foco do trabalho, já que tínhamos selecionado muitas habilidades a serem desenvolvidas. É preciso estreitar os laços com as professoras de "sala". Talvez isso possa ajudar na adoção de posturas comuns entre os professores da EMEF do CEU e os professores do Programa pós e pré-aula. É preciso também estreitar os laços com a comunidade, especialmente com os pais das crianças que moram no entorno do CEU.

SOBRE O LIVRO
Formato: 17 x 24 cm
Mancha: 11,5 x 19,5 cm
Papel: Offset 90g
nº páginas: 184
2ª edição: 2012

EQUIPE DE REALIZAÇÃO
Assistência Editorial
Cyntia Vasconcellos

Assessoria Editorial
Maria Apparecida F. M. Bussolotti

Edição de Texto
Nathalia Ferrarezi (Preparação do original e copidesque)
Renata Sangeon e Ronaldo Galvão (Revisão)

Editoração Eletrônica
David Menezes (Capa, projeto gráfico, diagramação, tratamento de imagens)
Ricardo Howards (Ilustrações)

Impressão
Intergraf Indústria Gráfica Eireli